Avelino A. Correa
Professor de Ensino Médio, formado em Filosofia e Teologia.

Amélia Schneiders
Professora de Ensino Religioso no Ensino Fundamental e Médio e de Didática e Prática de Ensino nos cursos de Magistério.

editora scipione

Diretoria editorial: Lidiane Vivaldini Olo
Editora de Ciências Humanas: Heloisa Pimentel
Editora: Rosimar Alves do Rosário
Assistentes editoriais: Mirna Acras Abed Imperatore e Thamirys Gênova da Silva (estag.)
Gerente de revisão: Hélia de Jesus Gonsaga
Equipe de revisão: Rosângela Muricy (coord.), Gabriela Macedo de Andrade, Luís Maurício Boa Nova e Vanessa de Paula Santos; Flávia Venézio dos Santos (estag.)
Supervisor de arte: Sérgio Yutaka Suwaki
Equipe de arte: Andrea Dellamagna (programação visual), André Gomes Vitale (produção de arte) e OAK Studio (editoração eletrônica)
Supervisor de iconografia: Sílvio Kligin
Equipe de iconografia: Caio Mazzilli, Josiane Laurentino e Vanessa Manna (pesquisa), Nadiane Santos (assistência)
Tratamento de imagem: Cesar Wolf e Fernanda Crevin
Ilustrações: Rogério Coelho
(capa e ícones das aberturas de unidade),
Suryara, Camila de Godoy, Fábio Sgroi e Vanessa Alexandre

Direitos desta edição cedidos à Editora Scipione S.A.
Avenida das Nações Unidas, 7221, 3ª andar, Setor D
Pinheiros – São Paulo – SP – CEP 05425-902
Tel.: 4003-3061
www.scipione.com.br / atendimento@scipione.com.br

Dados Internacionais de Catalogação na Publicação (CIP)
(Câmara Brasileira do Livro, SP, Brasil)

Schneiders, Amélia
De mãos dadas : ética e cidadania : ensino fundamental, 1 / Amélia Schneiders, Avelino A. Correa. -- 11. ed. -- São Paulo : Scipione, 2014.

Obra em 5 v. para alunos de 1º ao 5º ano.

1. Ética e cidadania (Ensino Fundamental) I. Correa, Avelino A. II. Título.

14-09870   CDD–377.1

Índices para catálogo sistemático:
1. Ética e cidadania nas escolas   377.1
2. Ética e cidadania : Ensino fundamental   377.1

2023
ISBN 978 85 262 9440 0 (AL)
ISBN 978 85 262 9441 7 (PR)
Cód. da obra CL 738672
CAE 506605 (AL)
CAE 506589 (PR)
11ª edição
10ª impressão

Impressão e acabamento:
Log&Print Gráfica, Dados Variáveis e Logística S.A.

Uma Publicação

Os textos bíblicos citados nesta obra foram retirados de várias edições da Bíblia e adaptados para uma linguagem mais adequada à faixa etária dos alunos.

Meu livro

Meu nome é _____

_____

Nasci no dia _____ de _____ de _____

Coisas que eu gosto de fazer: _____

_____

_____

_____

O nome da minha escola é _____

_____

O nome do meu
professor é _____

_____

_____

> Cole sua foto e use os adesivos do final do livro para enfeitar a página.

Sumário

Cidadania, 9

1. Como conviver com os outros?, 10
   Ler é gostoso: *Arroz e flores, questão de costume*, 11
   Brincando de filosofar, 11
2. O que é cidadania?, 15
   Ler é gostoso: *Eu tenho um sonho*, 17
   Brincando de filosofar, 17
3. Um por todos e todos por um, 22
   Ler é gostoso: *Exemplo a ser seguido*, 23
   Brincando de filosofar, 23
4. Religião e cidadania, 28
   Ler é gostoso: *A gramática e o próximo*, 30
   Brincando de filosofar, 30

Olhando mais longe, 36

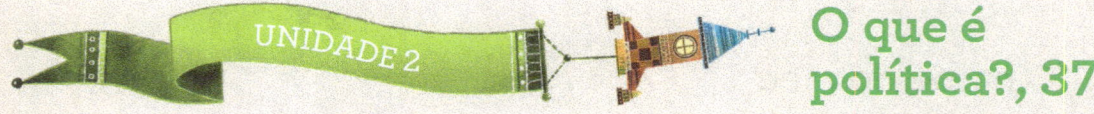

O que é política?, 37

5. A cidade das crianças, 38
   Ler é gostoso: *Palavras de um cacique indígena*, 39
   Brincando de filosofar, 39
6. A importância do voto, 43
   Ler é gostoso: *Outros significados do voto*, 44
   Brincando de filosofar, 44
7. Democracia, o governo do povo, 48
   Ler é gostoso: *Democracia grega*, 49
   Brincando de filosofar, 49
8. Particular *versus* público, 54
   Ler é gostoso: *Cidadania na escola*, 55
   Brincando de filosofar, 55

Olhando mais longe, 60

UNIDADE 3

Justiça, 61

9. O que é justiça?, 62
   Ler é gostoso: *A justiça de Salomão*, 63
   Brincando de filosofar, 63
10. Quem atira a primeira pedra?, 68
    Ler é gostoso: *O dedo sujo*, 69
    Brincando de filosofar, 69
11. A lei do amor, 74
    Ler é gostoso: *Estatutos do Homem*, 76
    Brincando de filosofar, 76
12. O homem e o sábado, 80
    Ler é gostoso: *A vida de uma criancinha*, 82
    Brincando de filosofar, 82

Olhando mais longe, 86

UNIDADE 4

Sal e luz, 87

13. Sal e luz do mundo, 88
    Ler é gostoso: *O vaga-lume*, 90
    Brincando de filosofar, 90
14. Buda, o iluminado, 95
    Ler é gostoso: *Buda e a flor*, 97
    Brincando de filosofar, 97
15. Dalai Lama: como ser feliz, 101
    Ler é gostoso: *O inimigo comum*, 103
    Brincando de filosofar, 103
16. Palavras e exemplos, 107
    Ler é gostoso: *O discípulo honesto*, 109
    Brincando de filosofar, 109

Olhando mais longe, 114

Comemorar para crescer

Dias especiais, 116
- Campanha da Fraternidade, 117
- Páscoa judaica e Páscoa cristã, 120
- Dia do Trabalho, 124
- Dia da Paz e da Não Violência, 127
- Dia da Consciência Negra, 131
- Dia Mundial dos Direitos Humanos, 135
- Natal, 141

Cantinho das canções, 145

CONHEÇA SEU LIVRO

Este livro está dividido em quatro unidades. Cada unidade contém quatro capítulos.

Nas aberturas de unidade há sempre uma mensagem para você! Observe a imagem e veja qual será o assunto principal dos capítulos da unidade.

Número do capítulo.

Título do capítulo.

O texto do capítulo traz informações e questionamentos relacionados a sua vida. Observe as imagens, leia os textos, pense e converse sobre eles com seus pais, seu professor e seus colegas.

Na seção **Ler é gostoso** há textos variados, como poemas, histórias, reportagens, relacionados ao assunto do capítulo. Como diz o nome da seção, você vai descobrir que ler é muito bom!

A seção **Brincando de filosofar** convida você a pensar sobre um tema. É um momento para refletir, discutir com os colegas, justificar e defender suas ideias.

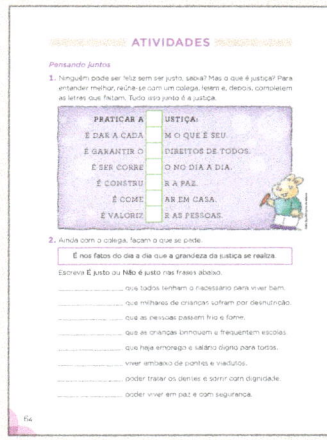

A seção **Atividades** encerra cada capítulo. Encare esse desafio! Há vários tipos de atividade:
- Trocando ideias
- Ideias em ação
- Vamos refletir?
- Pensando juntos
- Momento de oração

A seção **Olhando mais longe** encerra cada unidade. É uma reflexão sobre o que você aprendeu nessa etapa e o que isso vai servir para o seu futuro.

No fim do livro, mais atividades para você:

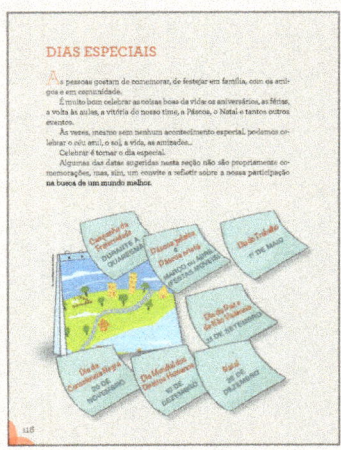

Dias especiais
Aqui você conhece as datas especiais, festas e costumes de diferentes religiões.

Cantinho das canções
Cantar é muito bom! Aqui você encontra letras de música para cantar com os colegas e o professor.

UNIDADE 1
CIDADANIA

1. Como conviver com os outros?
2. O que é cidadania?
3. Um por todos e todos por um
4. Religião e cidadania

CAPÍTULO 1

Como conviver com os outros?

Somos todos diferentes. Os irmãos, por exemplo, são diferentes, embora tenham os mesmos pais e a mesma educação. Nem mesmo os gêmeos são totalmente iguais.

Os povos são mais diferentes ainda. Têm língua, costumes, cor e religião diferentes.

Mas diferença não significa superioridade nem inferioridade. Por isso, é preciso respeitar as diferenças. No entanto, não é isso o que acontece. Até nas escolas há alunos que são rejeitados por serem diferentes.

> **Ler é gostoso**
>
> ## Arroz e flores, questão de costume
>
> Um brasileiro estava colocando flores no túmulo de um parente. Ao lado, um chinês punha um prato de arroz na lápide. O brasileiro vê o prato de arroz e pergunta:
>
> — Desculpe-me, mas o senhor acha mesmo que o seu defunto virá comer o arroz?
>
> O chinês responde:
>
> — Sim, e geralmente na mesma hora em que o seu vem cheirar as flores.
>
> **Lápide:** pedra tumular onde se grava uma inscrição.

Suryara/Arquivo da editora

Brincando de filosofar

Vamos aprender o que é silogismo.

Silogismo é um recurso utilizado para ajudar a pensar corretamente. É um raciocínio que parte do geral para o particular, e que facilita chegar a uma conclusão. Veja o exemplo:

Todas as crianças gostam de brincar. (verdade geral)
Roberta é criança. (verdade particular)
Portanto, Roberta gosta de brincar. (conclusão correta)

A conclusão só é correta se as duas primeiras afirmações forem verdadeiras, ou seja, uma questão de lógica: se TODAS as crianças gostam de brincar e Roberta é criança, é lógico que ela também deve gostar de brincar, não é?

- Analise os dois silogismos a seguir:

  a) Todos os homens são mortais.
     Paulo é homem.
     Portanto, Paulo é mortal.

  b) Todos os famosos e ricos são felizes.
     Jaqueline é famosa e rica.
     Portanto, Jaqueline é feliz.

Agora, diga se são corretos ou incorretos e por quê.

11

ATIVIDADES

Pensando juntos

1. Se você observar bem, vai notar que as pessoas têm outras diferenças, além da aparência física. Descubra essas diferenças e sua importância, junto com um colega, e complete as frases, ordenando as sílabas.

• As pessoas são diferentes também no modo de

_____, _____, _____ e _____.
(SAR PEN)   (LAR FA)   (GIR A)   (VER VI)

• Ser diferente não significa ser

_____ ou _____, _____ ou _____.
(LHOR ME)   (OR PI)   (IS MA)   (NOS ME)

• Ser diferente significa simplesmente ser _____.
(TE REN FE DI)

• Por isso, todas as pessoas merecem _____ e _____.
(TO PEI RES)   (MOR A)

Vamos refletir?

2. A convivência pacífica entre as pessoas é uma arte. Seja você um artista! Seja "dez" em casa, na escola, onde você estiver. Descubra como, escrevendo a letra inicial de cada desenho.

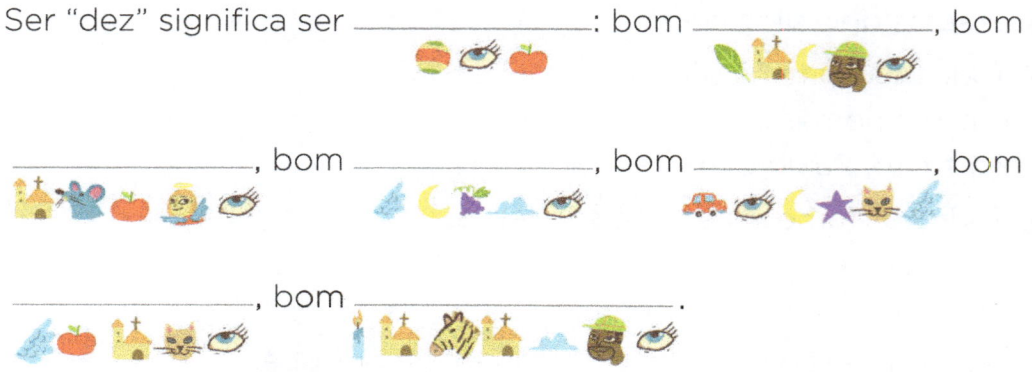

Trocando ideias

3. A boa convivência traz alegria. Leia o texto a seguir, pense e, depois, converse sobre ele com a turma.

> Os patos de uma fazenda viviam separados, cada um em uma pequena lagoa. E, por estarem separados, eram tristes. Mas nenhum deles queria sair de sua lagoa. Até que uma chuva forte inundou tudo e as lagoas se tornaram um único grande lago.
>
> Os patos, então, ficaram todos reunidos em alegre algazarra, desfrutando a felicidade de estarem juntos.
>
> *Diálogo* – Revista de Ensino Religioso. São Paulo: Paulinas, n. 31. p. 56.

- Agora, responda às questões oralmente.

a) O que é melhor: viver sozinho ou em grupo?

b) O que é necessário para viver em grupo?

c) De quantos grupos você faz parte? Quais?

d) Ter uma religião diferente atrapalha a convivência? Explique.

e) De que forma você contribui para a harmonia e o bem-estar em sua família e em sua escola?

4. Leia atentamente. Comente com o professor e os colegas e depois escreva se isso **é verdade** ou **não é verdade** em sua escola.

a) Aqui na nossa escola
todo mundo é diferente.
Cada qual tem seu jeito.
O que importa é ir pra frente.
É verdade ou não?

b) Tem gente que aprende depressa,
tem gente que demora um pouco.
Mas isso não é problema
porque um ajuda o outro.
É verdade ou não?

c) Todos em nossa escola já entenderam direito que tudo fica mais fácil sem o tal do preconceito. É verdade ou não?

_____

Elaborado com base em: *Na minha escola todo mundo é igual*, de Rossana Ramos. São Paulo: Cortez Editora, 2004. p. 4, 13, 17.

IDEIAS EM AÇÃO

Você já notou que, também na natureza, seres da mesma espécie são diferentes entre si? Pense em uma árvore e desenhe-a. Depois, veja quantos colegas desenharam uma árvore igual à sua.

- Agora, brinque com a imaginação.
  a) Se você fosse uma árvore, que tipo de árvore gostaria de ser?
  _____

  b) Se você fosse um rio, que tipo de rio gostaria de ser?
  _____

  c) Se você fosse um animalzinho, que tipo de animal gostaria de ser?
  _____

  d) Mas você é GENTE! Que tipo de pessoa gostaria de ser?
  _____

CAPÍTULO 2

O que é cidadania?

"Cidadania" vem da palavra "cidadão", que é a pessoa que participa da atividade política de uma cidade, estado ou país.
O cidadão tem direitos e deveres.

O que é direito?

É poder fazer ou deixar de fazer alguma coisa. Por exemplo: você tem o direito de brincar, de passear, estudar em uma boa escola, e assim por diante. Também tem o direito de não fazer alguma coisa. Por exemplo: direito de não ir ao jogo de futebol do time de seu pai.

O que é dever?

É a obrigação de fazer ou deixar de fazer alguma coisa. Por exemplo: você tem o dever de assistir às aulas e cuidar da escola. E tem o dever de não jogar lixo nos locais públicos.

Os principais direitos e deveres do cidadão brasileiro estão no artigo 5º da Constituição Federal. Nenhuma outra lei pode contradizer a Constituição, que é a lei maior do país.

De acordo com ela, somos todos iguais perante a lei. Isso é muito importante, pois, há pouco mais de cem anos, ainda havia escravidão no Brasil. Atualmente homens e mulheres têm os mesmos direitos, mas, até há pouco tempo, as mulheres não podiam, por exemplo, votar nem serem votadas.

Mas, às vezes, a lei não é aplicada corretamente. Algumas leis são desrespeitadas e acabam não protegendo os cidadãos da forma como precisamos.

Até mesmo nas escolas, alguns alunos desrespeitam os direitos e deveres. É comum acontecer *bullying*, que é uma forma de discriminar os colegas.

Para construir um mundo melhor, todos precisam colaborar, respeitando os direitos e deveres de cada um.

> **Bullying:** palavra de origem inglesa que caracteriza uma situação de agressão intencional. Essa agressão pode ser física ou verbal contra outra pessoa.

Alguns direitos da criança e do adolescente

Leia alguns artigos do Estatuto da Criança e do Adolescente – ECA.

Artigo 3º: A criança e o adolescente gozam de todos os direitos principais do ser humano.

Artigo 4º: É dever da família, da comunidade, da sociedade em geral e do governo garantir os direitos referentes à saúde, à alimentação, à educação, ao esporte, ao lazer, à profissionalização, à cultura.

Artigo 5º: Nenhuma criança ou adolescente será objeto de qualquer forma de negligência, discriminação, exploração, violência, crueldade e opressão.

(Texto adaptado.)

Apesar das leis que protegem as crianças, cenas como esta são vistas frequentemente em nossas cidades.

Ler é gostoso

Eu tenho um sonho

Eu tenho um sonho
lutar pelos direitos dos homens
Eu tenho um sonho
tornar nosso mundo verde e limpinho
Eu tenho um sonho
de boa educação para as crianças
Eu tenho um sonho
de voar livre como um passarinho
Eu tenho um sonho
ter amigos de todas as raças
Eu tenho um sonho
que o mundo viva em paz
e em parte alguma haja guerra.

Todos temos direitos, de Urjana Shrestha, 18 anos, Nepal.
2. ed. São Paulo: Ática, 2011. p. 10.

Brincando de filosofar

Reflita e diga o que se pode fazer, no ambiente em que você vive (em casa, no bairro, na escola, na cidade), para que a força da lei vença sempre a lei da força.

ATIVIDADES

Pensando juntos

1. Para praticar, é preciso entender. Você já ouviu falar de "Os três mosqueteiros"? O lema dos três mosqueteiros explica bem o que é cidadania. Comente com um colega e depois siga a numeração para descobrir o lema.

a) Qual é esse lema?

todos	e	todos	Um	um	por	por
5	4	3	1	7	6	2

_____

b) Na prática, isso significa que...

parte	todos	faz	pelo	cada	sua	bem	um	de	a
6	10	3	7	1	5	8	2	9	4

_____

c) Cidadania, portanto, tem tudo a ver...

e	solidariedade	com	respeito	participação,
4	3	1	5	2

_____

2. Ainda em dupla, completem os versos, observando as rimas.

> cidadania   grandão   começar   harmonia

É cidadania
quando há alegria
na participação
com _____.

Pequenos gestos
no dia a dia
podem semear
a _____.

Nenhum cidadão
nasce _____.

Então, por que esperar?
Vamos logo _____?

Cidadania é quando..., de Nílson J. Machado. São Paulo: Escrituras Editora, 2008, s. paginação. Texto adaptado.

Trocando ideias

3. Converse com o professor e os colegas e, juntos, apontem pequenas atitudes que constroem a cidadania no dia a dia.

4. A cidadania é garantida por lei. É pela lei que todo cidadão tem direitos e deveres. Consulte o texto da página 15 para responder:

a) O que é direito?

_____

b) O que é dever?

_____

c) Quais são seus principais direitos?

_____

_____

d) Quais são seus principais deveres?

_____

_____

e) Onde estão escritos os principais direitos e deveres do cidadão brasileiro?

_____

_____

5. É impossível falar em cidadania sem a valorização de todas as pessoas, sabia? Leia com atenção e marque **C** (certo) ou **E** (errado).

☐ Pessoas chamadas de cidadãs não podem viver de qualquer jeito.

☐ Onde há pessoas marginalizadas não há cidadania.

☐ O governo é o único responsável pelos males do mundo.

☐ Analfabetismo, fome e desemprego não combinam com cidadania.

☐ Você não tem nada a ver com a pobreza e a poluição.

☐ Ninguém deve ficar indiferente diante da realidade social.

☐ Todos nós somos responsáveis pela situação do mundo.

Vamos refletir?

6. Para mudar a sociedade, é preciso mudar as pessoas, a começar por nós mesmos. Leia a tirinha, pense nisso e depois responda às questões.

Snoopy, de Charles M. Schulz. v. 9. Porto Alegre: L&PM Pocket, 2009. p. 115.

a) Você concorda com a Lucy, a menina dos quadrinhos? Explique.

_____
_____
_____
_____

b) Releia o poema "Eu tenho um sonho", na página 17, e sublinhe as coisas boas que o poeta sonha para o mundo. Depois, escreva uma delas aqui.

_____
_____
_____
_____

c) Pensando em tudo isso, em que tipo de mundo você gostaria de viver?

_____
_____
_____
_____

7. Leia as lições de cidadania a seguir e depois escreva o que **você** pode fazer para melhorar o mundo.

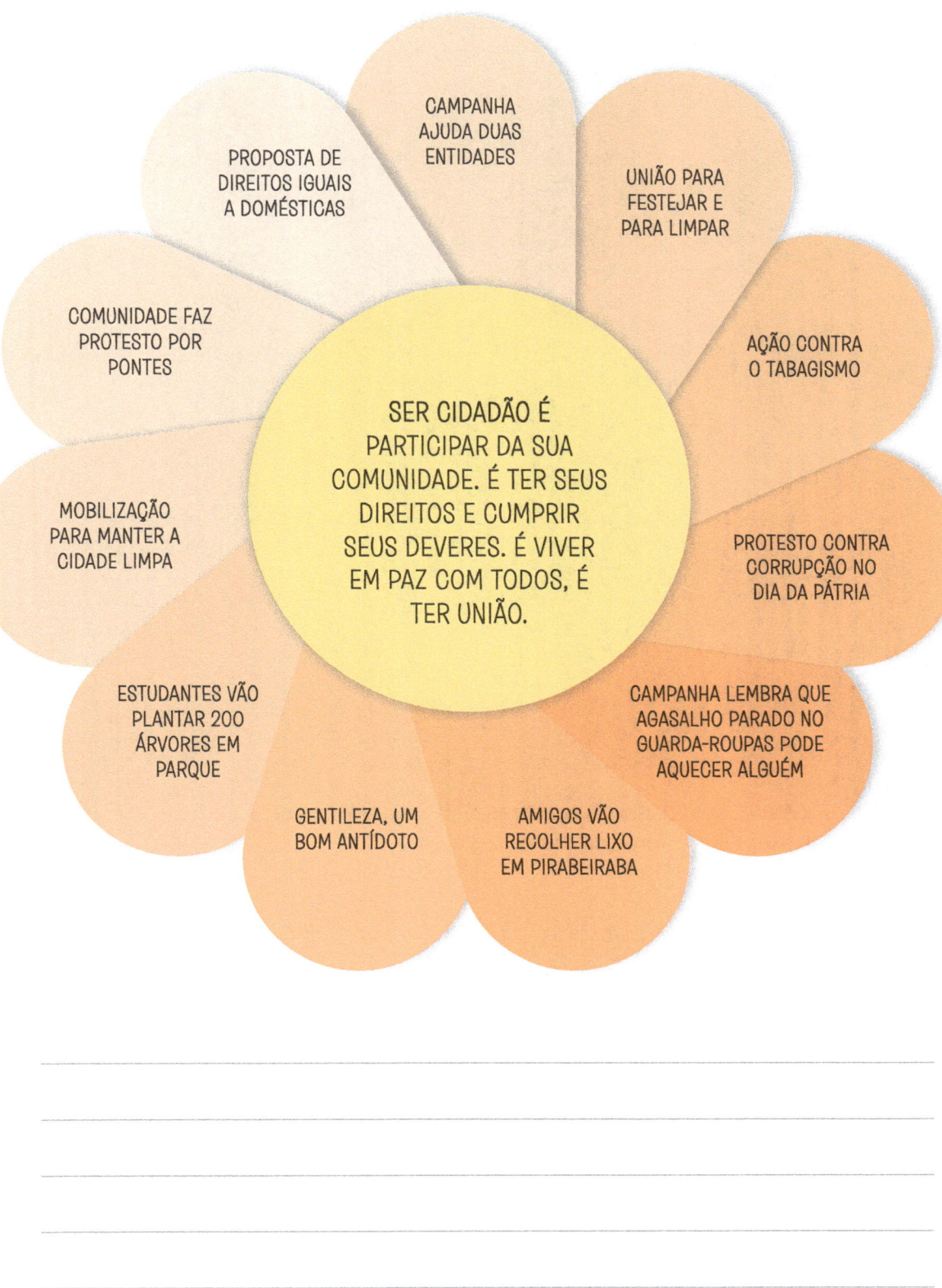

CAPÍTULO 3

Um por todos e todos por um

Bambuzal, exemplo da força da união.

A democracia funciona bem quando os cidadãos vivem unidos. Sempre que é preciso, as pessoas se reúnem para enfrentar alguns problemas. É a união que faz a força.

A História nos mostra que, geralmente, as conquistas são fruto da união popular.

Os bambus em um bambuzal são exemplos de união. Eles crescem unidos uns aos outros, de tal maneira que o vento e as intempéries não conseguem derrubá-los.

Outro exemplo são as aves que voam em bando para escapar de predadores.

Intempéries: condições climáticas extremas (vento forte, temporal, seca, nevasca, etc.).

Ler é gostoso

A Suécia é um dos países menos corruptos do mundo. Lá os cidadãos são unidos. Leia o texto.

Exemplo a ser seguido

Um cidadão português foi para a Suécia e se empregou em uma empresa de automóveis. Fez amizade com um colega que morava perto de sua residência. Assim, passou a pegar carona com ele para ir à fábrica.

Ele estranhou que o sueco estacionava o carro sempre longe da porta de entrada, apesar do frio rigoroso.

Um dia perguntou-lhe:

— Por que você não para perto da porta?

— Essas vagas ficam para quem chega atrasado por algum motivo. Como chegamos cedo, podemos parar mais longe.

Este caso mostra que devemos pensar nos outros não apenas quando eles sofrem tragédias, mas também no dia a dia.

Estocolmo, capital da Suécia.

Brincando de filosofar

Complete este silogismo.
Quem é unido vence.
Os brasileiros _____.
Portanto, os brasileiros _____.

ATIVIDADES

Pensando juntos

1. Leia com um colega, pensem juntos e, depois, completem as lacunas.

> gente   povo   fortes   continente

Sozinhos somos fracos
Unidos somos _____.

Solitários somos peças
Solidários somos _____.

Isolados somos ilhas
Juntos, _____.

Acomodados somos rebanho
Participantes somos _____.

Autoria desconhecida.

Conclusão: isso nos lembra que fomos feitos para viver juntos.

2. Ainda em dupla, pensem e depois liguem as partes que se completam.

 Um grão de feijão sozinho não alimenta ninguém.
Mas muitos grãos reunidos fazem uma bela feijoada.

Assim somos nós:

Sozinhos   a união faz a força.

Unidos   pouco ou nada podemos fazer.

Pois   vamos nos unir?

Então,   podemos transformar o mundo.

3. Mesmo alguém muito forte, quando isolado, dificilmente resiste aos perigos. Veja:

Um grande carvalho foi arrancado do chão pela ventania e arrastado pela correnteza de um rio. Vendo uma touceira de bambus na margem, o carvalho falou:

— Gostaria de saber como vocês, que são tão finos e frágeis, não são afetados por esses ventos fortes.

Touceira: grande moita.

Os bambus retrucaram:

— Você lutou sozinho, carvalho! Competiu com o vento solitariamente e foi destruído. Nós, ao contrário, nos entrelaçamos e nos ajudamos mutuamente. E, quando sopram ventos contrários, nos curvamos. Assim permanecemos inteiros e salvos.

Quem não se une e não se dobra na hora certa não vence.

Fábula de Esopo.

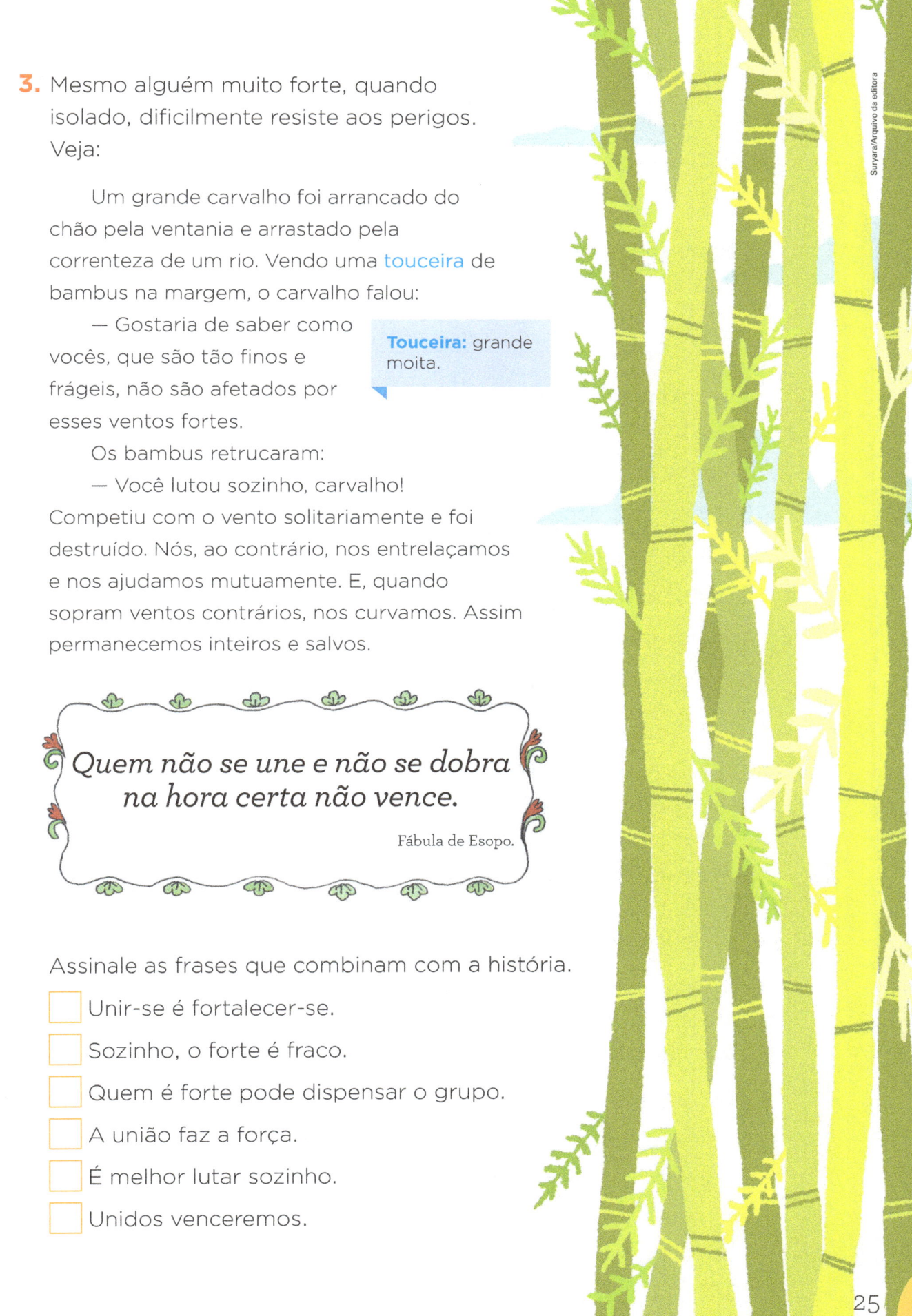

Assinale as frases que combinam com a história.

☐ Unir-se é fortalecer-se.
☐ Sozinho, o forte é fraco.
☐ Quem é forte pode dispensar o grupo.
☐ A união faz a força.
☐ É melhor lutar sozinho.
☐ Unidos venceremos.

Vamos refletir?

4. Releia a história da seção *Ler é gostoso*.

a) Qual é a lição que ela nos ensina?

_____

b) Como seria o mundo se todos pensassem mais uns nos outros?

_____

_____

5. O bom cidadão é um bom participante. Como se aprende a **participar**? Complete as frases e tire suas conclusões.

- Aprende-se a nadar, _____.
- Aprende-se a dançar, _____.
- Aprende-se a pintar, _____.
- Aprende-se a cantar, _____.
- Aprende-se a pensar, _____.
- Aprende-se a **participar**, _____.

Trocando ideias

6. É hora de **participar**, dialogando com a turma.
a) Você participa dos eventos de sua escola? Como?
b) Já participou de alguma gincana? Qual?
c) Já participou de uma campanha? Qual?
d) Como você participa das programações de sua igreja ou comunidade religiosa?

7. A colmeia, comunidade na qual cada abelha exerce uma função, é um bom exemplo de união e participação.
De que atividades coletivas você participa? Assinale:

☐ escoteiros   ☐ futebol   ☐ teatro
☐ balé   ☐ ginástica rítmica   ☐ dança folclórica
☐ coral   ☐ catequese   ☐ escola dominical
☐ outra: _____

Momento de oração

Leia com bastante atenção. Pense nisso e depois enfeite este quadro com adesivos da última página do livro.

Senhor!
Ajuda-nos a viver
com mais justiça,
mais bondade e união.
E que ninguém mais
precise brigar
por um pedaço de pão.

CAPÍTULO 4

Religião e cidadania

Fotos: [1] Samuel Borges Photography/Shutterstock/Glow Images; [2] Tracy Whiteside/Shutterstock/Glow Images; [3] Stephanie Frey/Shutterstock/Glow Images; [4] Phillippe Put/Shutterstock/Glow Images; [5] MaMi/Shutterstock/Glow Images; [6] bikeriderlondon/Shutterstock/Glow Images; [7] karelnoppe/Shutterstock/Glow Images; [8] Samuel Borges Photography/Shutterstock/Glow Images; [9] ZouZou/Shutterstock/Glow Images; [10] naluwan/Shutterstock/Glow Images; [11] AJP/Shutterstock/Glow Images.

Muitos ensinamentos das religiões são fundamentais para a cidadania. O amor ao próximo, por exemplo.

Amar ao próximo é desejar para os outros o que desejamos para nós.

Se todos seguissem esse mandamento, a vida em sociedade seria melhor: não haveria violências, assaltos, guerras e tantas outras coisas ruins.

Amar ao próximo é respeitar os direitos dos outros, é ajudar os necessitados, é cumprir os regulamentos e as leis, é trabalhar unidos pelo bem comum.

Religiões e leis

Leia agora os Dez Mandamentos, que resumem as leis de Deus, presentes na Bíblia, livro de religião cristã.

- **Primeiro:** Amar a Deus sobre todas as coisas.
- **Segundo:** Não falar o nome de Deus em vão (por qualquer coisa).
- **Terceiro:** Reservar um dia da semana para descansar e louvar a Deus.
- **Quarto:** Honrar o nosso pai e a nossa mãe.
- **Quinto:** Não matar.
- **Sexto:** Não cometer adultério.
- **Sétimo:** Não roubar.
- **Oitavo:** Não falar mentiras sobre os outros.
- **Nono:** Respeitar os compromissos do casamento.
- **Décimo:** Não invejar as pessoas pelo que elas são e têm.

Bíblia Sagrada.

Jesus resumiu esses mandamentos em apenas dois:

Amar a Deus sobre todas as coisas e amar ao próximo como a si mesmo.

Mateus 22,34-40

O **Alcorão**, livro sagrado do islamismo (ou religião muçulmana), traz os cinco deveres mais importantes para os seguidores dessa religião:

- **Primeiro:** Crer que só existe um Alá (Deus) e que Maomé é seu profeta.
- **Segundo:** Rezar para Alá cinco vezes ao dia, entre o amanhecer e o anoitecer.
- **Terceiro:** Dar esmolas aos necessitados.
- **Quarto:** Jejuar durante o Ramadã (nono mês do calendário islâmico).
- **Quinto:** Fazer, ao menos uma vez na vida, uma peregrinação (viagem religiosa) a Meca, cidade sagrada dos islamitas.

O **budismo** também prega vários preceitos. Por exemplo: não matar, não roubar, não ser ganancioso, não mentir, não falar dos defeitos dos outros, não ser avarento, não ter raiva.

Preceito: ensinamento.
Ganancioso: que tem ambição exagerada (por riquezas, ganhos, lucros, etc.).
Avarento: indivíduo extremamente apegado ao dinheiro e aos bens materiais, sendo, por isso, incapaz de gestos de generosidade.

29

Ler é gostoso

A gramática e o próximo

ELE   TU   EU

Os gramáticos ensinam que as três pessoas do singular são: eu, tu e ele.

Mas, na gramática dos religiosos, essa ordem deve ser mudada. A primeira pessoa é **Ele**, o Criador; a segunda é **tu**, o próximo; e a terceira, então, **eu**.

Desse modo, Deus e eu estamos separados pelo próximo, e, no entanto, é o próximo que nos une ao Criador.

Reflita sobre a frase famosa de Vladimir Ghika:

"Nada nos aproxima tanto de Deus como o próximo".

Lendas do céu e da terra (fragmento), de Malba Tahan. 19. ed. Rio de Janeiro: Record, 2001. p. 81. Texto adaptado.

Brincando de filosofar

Reflita e complete o silogismo abaixo:

- Quem ama ao próximo une-se a Deus.

- Eu não amo ao _____.

- Portanto, não _____.

Você concorda? Explique por quê.

_____
_____
_____
_____

ATIVIDADES

Trocando ideias

1. Descubra as informações contidas no emaranhado de letras abaixo. Basta reescrever, separando as palavras. Depois, comente as mensagens com o professor e os colegas.

a) Cidadaniaéparticipaçãoeboaconvivênciaentreaspessoas.

_____

_____

b) Asreligiõesensinamquevivamosemuniãoeharmonia.

_____

_____

c) Boasmaneirassãoregrasdeboaconvivência.

_____

_____

d) Hápessoasquepagamcaroporumcursodeboasmaneiras.

_____

_____

e) Essecursoestánoslivrossagradosenãoéprecisopagarporele.

_____

_____

2. As religiões oferecem um bom curso de convivência:

- Tudo aquilo que vocês querem que os outros lhes façam, façam vocês também a eles.

  Cristianismo

- Deseje a seu irmão aquilo que você deseja para si mesmo.

  Islamismo

31

- Não faça aos outros o que você não quer que lhe façam.

  Judaísmo

- Recorda que és igual a todos. Faz de ti a medida dos outros e evita causar-lhes dor.

  Budismo

- Não faças aos demais aquilo que não queres que seja feito a ti.

  Hinduísmo

- O que julgo bom para mim deverei desejar para todos.

  Zoroastrismo

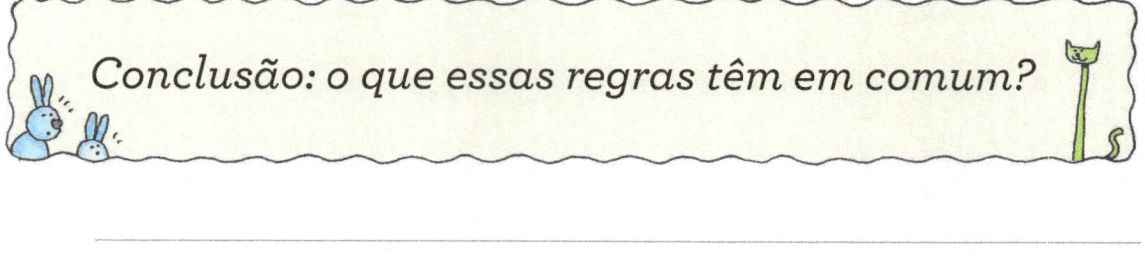

Conclusão: o que essas regras têm em comum?

___

Pensando juntos

3. Convide um colega para pensar com você e depois respondam juntos:

a) As religiões ensinam amor, união, respeito e ajuda mútua. Como seria o mundo se todos seguissem esses preceitos?

___

b) O poeta Tagore diz que "toda criança ao nascer traz uma mensagem ao mundo". Qual é essa mensagem? Escreva tudo de trás para a frente e você saberá.

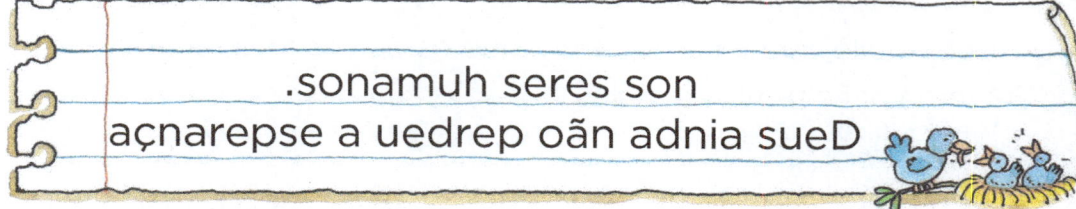

.sonamuh seres son
açnarepse a uedrep oãn adnia sueD

___

32

Vamos refletir?

4. Volte ao texto, releia os Dez Mandamentos, na página 29, e depois responda:

a) Quantos mandamentos se referem a Deus e quais são eles? Cite apenas a numeração.

_____

b) A quem se referem os outros mandamentos?

_____

c) Escreva no quadrinho o mandamento que você acha mais importante para a boa convivência em sua turma na escola.

_____
_____

d) Como Jesus resumiu os Dez Mandamentos?

_____

e) O que há em comum entre os mandamentos, preceitos e deveres das três religiões abordadas no texto?

_____

Trocando ideias

5. Quem segue os preceitos tem mais chance de se dar bem, sabia? O Brasil já venceu cinco Copas do Mundo. O time não teria ganhado o quinto título, por exemplo, se não tivesse seguido os "mandamentos" que o técnico Luiz Felipe Scolari, o Felipão, assim resumiu:
- Dê sugestões, mas não questione o comando.
- Não basta ser profissional, é preciso ser amigo e fiel.
- Liberdade não é sinônimo de bagunça.
- Nada é mais importante que o grupo.
- Brincadeira e trabalho não se misturam.

Vencendo o Mundo, de Jailson Ferreira. Revista *Jovens*. São José dos Campos: Editora Cristã Evangélica, fascículo 5, s.d. p. 47.

Converse com o professor e os colegas sobre isso:

a) Quais desses "mandamentos" poderiam ser aplicados à sua turma da escola? Comente.

_____
_____
_____
_____

b) Que outro preceito você sugere para a boa convivência no colégio?

_____
_____

6. A natureza é maravilhosa e sábia. Basta lembrar o voo dos pássaros em suas migrações e o exemplo dos bambus que se apoiam uns nos outros. Veja agora como se comportam os pinguins:

Para sobreviver na temperatura de 50 graus negativos é preciso ter sabedoria e muita união.

Os pinguins se agrupam, uns perto dos outros, formando um bloco organizado e protetor. Os que ficam no lado externo servem como anteparo contra o vento e o frio. E os que estão nas camadas mais internas ficam protegidos.

Periodicamente há troca de posições no bloco. Este revezamento permite que todos suportem o frio e consigam sobreviver.

Contos que encantam. Equipe do jornal *Missão Jovem*. Florianópolis: Mundo e Missão, 2008. p. 36.

Agora, pense e comente:

a) Como se comportam os humanos em situações semelhantes?

_____

_____

b) Por que há pessoas dormindo ao relento, nas ruas?

_____

_____

_____

c) Você já passou frio alguma vez? Conte onde e como foi.

_____

_____

IDEIAS EM AÇÃO

- Em dupla, você e um colega vão escolher uma das recomendações bíblicas citadas abaixo e fazer um belo cartaz, com gravuras, para ser exposto na escola.

    a) Façam todo o possível para viver em paz uns com os outros.
    (Cf. Romanos 12:18)

    b) Sejam bons, educados e perdoem uns aos outros.
    (Cf. Efésios 4:32)

    c) Usem somente palavras boas que façam bem aos que as ouvem.
    (Cf. Efésios 4:29)

    d) Procurem amar uns aos outros com amor fraternal.
    (Cf. Romanos 12:10)

OLHANDO MAIS LONGE

O lema de nossa bandeira é ORDEM E PROGRESSO. Deveria ser: AMOR E PROGRESSO, porque só com respeito e amor ao próximo um povo consegue evitar corrupção, roubo, injustiça e outros males.

A humanidade já fez muitos progressos no decorrer da História. Venceu ditaduras, escravidão, guerras, etc., e a ciência conseguiu combater muitas doenças.

Somente com amor e respeito ao próximo é possível construir um mundo melhor.

UNIDADE 2

O QUE É POLÍTICA?

Toda Mafalda. Quino. São Paulo: Martins Fontes, 2012. p. 256, 4ª tira.

O QUE VOCÊ RESPONDERIA À SUSANITA?

5. A cidade das crianças
6. A importância do voto
7. Democracia, o governo do povo
8. Particular *versus* público

CAPÍTULO 5

A cidade das crianças

O que é política? Você entenderá melhor o significado de política com o seguinte exemplo.

Digamos que sua classe foi indicada para construir uma cidade para crianças.

Como fazer? Antes de tudo, vocês devem estudar as instituições e as necessidades de uma cidade: ruas, escolas, hospitais, transporte público, e assim por diante.

Em seguida, a divisão de tarefas: quem vai escolher o terreno, o local da cidade? Quem será o responsável por abrir e asfaltar as ruas? Quem ficará encarregado das construções dos prédios públicos?

Como você vê, não é fácil construir uma cidade. E ainda é preciso eleger aqueles que vão ficar responsáveis pela administração e pela ordem. É preciso eleger o prefeito e os vereadores que farão as leis da cidade.

Pois é, política é isso: organizar e administrar uma cidade, um estado ou um país. Entender o que é política é fácil. O difícil é conseguir que ela funcione de acordo com a justiça e para o bem de todos.

Infelizmente em vários lugares do mundo, muitas vezes, os eleitos não trabalham pelo bem de todos. Por isso, há tantos necessitados que passam fome e não têm sequer uma casa para morar.

Como é por meio do voto que se elege os representantes do povo, a escolha dos candidatos deve ser feita com calma e cuidado, depois de uma avaliação do histórico e das promessas de campanha de cada um deles. É preciso aprender a votar e escolher bem os candidatos aos cargos públicos.

Ler é gostoso

Palavras de um cacique indígena

Nós não ensinamos nossos filhos a pedir, ensinamos a repartir e a lutar para que não falte alimentação.

Nós não deixamos nosso povo sofrer como o governo faz e a sociedade dos brancos aceita que aconteça.

Como podem ver suas crianças na rua?

Como podem ver famílias sem ter o que comer, revirando lixo?

Nós não deixamos. Nós temos alegria em repartir.

Cacique Nailton Munis Pataxó Hã hã hãe. Jornal *Porantim*, Brasília, Conselho Indigenista Missionário (Cimi), mar. 2000. p. 5.

Homem separando plásticos em lixão de Santo André, no povoado de Santa Cruz de Cabrália, Bahia, 2014.

Brincando de filosofar

Pense e responda: no Brasil, poucos têm muito e muitos têm pouco ou quase nada. Por que isso acontece?

ATIVIDADES

Trocando ideias

1. Vamos trabalhar com a imaginação? Em sua opinião:

a) O que não poderia faltar em uma cidade de crianças?
_____
_____

b) E o que não precisaria existir nela?
_____
_____

c) Como deveriam se comportar os pequenos cidadãos para manter a convivência agradável?
_____
_____

d) Mas você vive em uma cidade de gente grande. De que você mais gosta nela?
_____
_____

e) O que você mudaria se fosse o prefeito de sua cidade?
_____
_____

2. Tudo o que você fez e falou na atividade anterior chama-se **política**. Agora, pense como gente grande e complete as frases com as palavras do quadro.

| povo | sociedade | arte | comum | cidade | poder |

a) Política é uma _____.

b) É a arte de governar a _____.

c) É a arte de administrar os sonhos do _____.

d) É a arte de promover o bem _____.

e) É a arte de viver em _____.

f) É o exercício do _____.

3. Leia a tirinha e verifique se você consegue ser tão otimista quanto o Filipe. Comente também com o professor e os colegas a reação da Mafalda.

Vamos refletir?

4. A Bíblia conta a história de Salomão, um exemplo de governante sábio e justo. Quando ele se tornou rei, em lugar de seu pai Davi, fez esta oração:

> Ó Deus Eterno, tu deixaste que eu ficasse como rei no lugar de meu pai, embora eu seja muito jovem e não saiba governar.
>
> Dá-me sabedoria para que eu possa governar com justiça e saiba a diferença entre o bem e o mal.
>
> 1Reis 3,7-9

• Agora, pense e complete com uma ou duas palavras:

a) O que Salomão pediu a Deus? _____.

b) Ele queria governar com _____.

c) Salomão foi considerado um rei _____.

5. Para completar as lacunas, use as palavras do quadro abaixo.

| céu | sábio | Deus | rei | justiça |

Houve um _____ sem igual.

Mais _____ nunca existiu.

Governava com _____.
Como nunca ninguém viu.

Sua sabedoria veio do _____.

Como um presente de _____.
Que atendeu a seu pedido
Em meio aos sonhos seus.

Palavra Sagrada Poesia Encantada, de Paulo Debs.
São Paulo: Editora Vida, 2009. p. 25.

6. Volte ao texto da página 39 e releia as palavras do cacique indígena. Destaque nele a frase que você achou mais sábia e desenhe uma moldura nela.

Momento de oração

Com seus colegas, faça esta oração pelas autoridades políticas.

> Senhor,
> esteja com nossas autoridades
> nos momentos em que tomam decisões.
> Ilumina a inteligência
> desses homens e mulheres
> para a prática da justiça.
> Dá-lhes coragem para enfrentar
> as ameaças ao bem-estar da Nação
> e persistência na luta
> contra os inimigos do povo. Amém.

Orações para o dia a dia, de Selma Rutzen.
Blumenau: Editora Eko, 2003. p. 25.

CAPÍTULO 6

A importância do voto

No atual sistema, antes de votar, toda pessoa se identifica por meio de um aparelho eletrônico, como esse mostrado na foto. Esse procedimento ocorre na maioria das cidades brasileiras.

No Brasil, a maioria dos políticos é eleita por meio do voto popular.

A partir dos 16 anos, a pessoa já pode votar. Já pensou na responsabilidade?

É por meio do voto que se elege o presidente da República, o governador do Estado, o prefeito da cidade, os senadores, os deputados federais e estaduais e os vereadores.

Infelizmente, em nosso país, algumas vezes, o voto não tem a importância que merece. Muitas pessoas só votam porque é obrigatório. Algumas votam em branco, isto é, não votam em ninguém. Outros votam em candidatos que são artistas, jogadores de futebol, sem se preocupar se eles são preparados ou não para o cargo.

Ler é gostoso

Outros significados do voto

O voto também expressa desejo. Veja este exemplo:

"Nesta Páscoa, faço votos de que vocês se sintam muito felizes".

Além disso, o voto expressa a consagração a uma divindade. As freiras católicas, por exemplo, fazem votos de pobreza, obediência e castidade.

No sentido de eleger, ao votar, depositamos nos candidatos a expectativa de que eles pensem no bem do povo e cumpram as promessas de campanha.

"Nesta Páscoa, faço votos de que vocês se sintam muito felizes"

Reprodução/<http://fazendoanossafesta.com.br>

Brincando de filosofar

Pense e responda: muitas pessoas votam em branco porque, segundo elas, não adianta votar. Acreditam que a situação vai continuar a mesma e que seu voto não mudará nada.

Você acha correta essa maneira de pensar? Por quê?

ATIVIDADES

Trocando ideias

1. Criança não vota. Adolescente pode votar a partir dos 16 anos. Observe os quadrinhos e converse com o professor e com os colegas sobre isso.

Calvin e Haroldo, de Bill Watterson. São Paulo: Conrad Editora, 2010. p. 97.

a) Você tem vontade de votar? Por quê?

b) Você já teve oportunidade de votar para representante de classe na sua escola? Comente.

c) Você já acompanhou seus pais em uma votação? Comente.

d) O que você achou da imensa vontade de votar do Calvin?

2. O dia das eleições é um dia muito especial. Complete os versos de acordo com as palavras do quadro, formando rimas, e você saberá por quê.

| militantes | alegria | parceria | contentes |

Eleição é a festa da democracia.
Eleição é um momento de _____.

Como cidadãos educados e conscientes,
Procuramos as urnas muito _____.

Elegemos nossos representantes.
Dos nossos direitos serão _____.

Não há privilégios na democracia,
Nela só há igualdades e _____.

45

3. Mas votar é coisa séria! Pois é da boa escolha que dependerá o bom governo. Ao votar, deve-se pensar, principalmente:

☐ no projeto que o candidato apresentou.
☐ na beleza e no charme do candidato.
☐ na honestidade e competência do candidato.
☐ em favores pessoais que se pode conseguir.
☐ nos privilégios da amizade.
☐ no bem que o candidato fará à comunidade.

Suryara/Arquivo da editora

4. Separe as palavras abaixo e descubra dois bons motivos pelos quais o eleitor deve votar com sabedoria e bom senso.

- Porqueédaboaescolhaquedependeráobomgoverno.
  _____
  _____

- Porqueasconsequênciasdaescolhaafetammuitaspessoas.
  _____
  _____

Vamos refletir?

5. Este texto é uma pequena **alegoria** para fazer pensar. Leia-o de forma dialogada com sua turma, e depois faça o que se pede.

Alegoria: modo de expressão que consiste em representar pensamentos, ideias, qualidades sob forma figurada, e em que cada elemento funciona como disfarce dos elementos da ideia representada.

A eleição das árvores

Abacateiro, abacateiro,
Venha ser o nosso rei!
"— Eu sei é dar abacate,
Mandar nos outros eu não sei!"

46

Mangueira, mangueira,
Venha ser nossa rainha!
"— O que eu sei fazer é manga,
Não quero mandar sozinha!"

Laranjeira, laranjeira,
Venha ser nossa rainha!
"— Eu gosto de dar laranja,
Não quero mandar sozinha!"

Espinheiro, espinheiro,
Venha ser o nosso rei!
"— Obrigado pelo convite,
Dessa ideia eu gostei!"

E agora... o que você acha?
Como faz para escolher?
Árvore boa que dá fruto,
Ou espinho que faz doer?

Telma Merinha Kramer e Nancy Cardoso Pereira.

Pense na última quadrinha e complete as frases.

- O bom político é como _____.
- O mau político é como _____.
- Por isso, preste atenção na hora de _____.

6. Para terminar, leia o texto abaixo e verifique se você também quer isso:

> Os brasileiros querem que seus governantes sejam íntegros, honrem seus mandatos e coloquem os interesses da nação acima de disputas políticas e partidárias.

CAPÍTULO 7

Democracia, o governo do povo

Câmara Federal, em Brasília, onde os deputados criam as principais leis em nome do povo, mas nem sempre para o bem do povo.

"Democracia" é uma palavra de origem grega e significa governo do povo.

Em um país onde a política é levada a sério, quem governa é o povo por meio do voto. Nessa forma de governo, quando um político não age de acordo com as regras, ele pode ser deposto.

Deposto: afastado de um cargo; demitido.

Nos regimes ditatoriais, o povo não vota. Apenas um governante dita as leis do país e todos têm de obedecer (mais tarde, na escola, você vai estudar em História geral e do Brasil as ditaduras que existiram e ainda existem no mundo).

A democracia é uma boa forma de governo, mas depende da responsabilidade política do povo.

Ler é gostoso

Democracia grega

Mapa da ágora (ao centro), em Atenas.

A democracia nasceu na Grécia. Ela era direta, ou seja, as pessoas se reuniam na praça pública (ágora) e procuravam resolver os problemas da cidade. Mas isso só era possível porque havia poucos cidadãos.

Hoje, a democracia é indireta, isto é, elegemos os políticos e eles administram as cidades, os estados e os países. Os políticos fazem as leis, mas nem sempre em benefício do povo, e sim em proveito próprio.

Brincando de filosofar

Assista durante uma semana a um dos jornais da televisão. Depois, pense e responda: por que há tanta corrupção no Brasil?

ATIVIDADES

Trocando ideias

1. Todo mundo fala em "povo". Mas quem sabe, realmente, o que é um povo? Leia as frases abaixo, todas corretas, e depois siga as orientações.

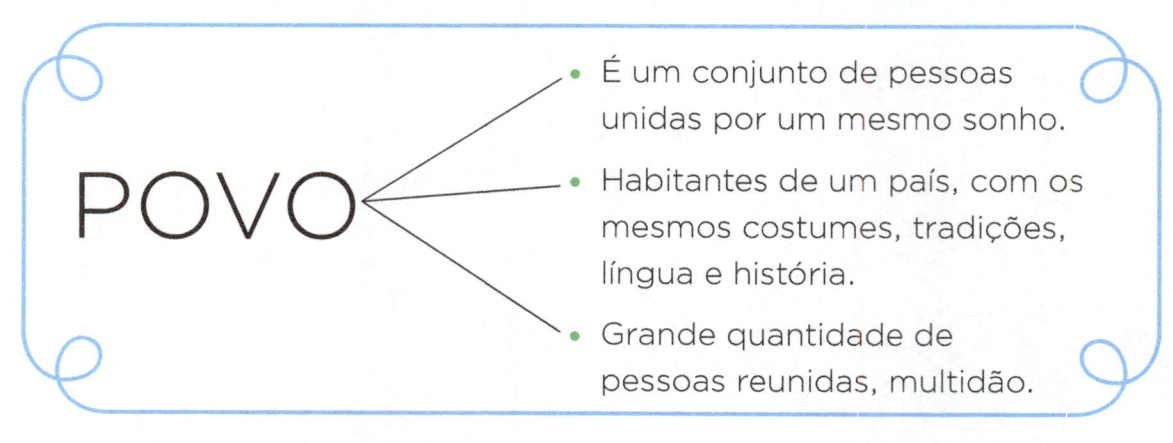

POVO
- É um conjunto de pessoas unidas por um mesmo sonho.
- Habitantes de um país, com os mesmos costumes, tradições, língua e história.
- Grande quantidade de pessoas reunidas, multidão.

a) Circule a explicação de que você mais gostou e explique o porquê da sua escolha.

_____
_____

b) Converse com o professor e com os colegas sobre isso.

2. A ideia da democracia é linda! Olhe só: o poder pertence ao povo! Pensando nisso, complete as frases abaixo, escolhendo no quadro as partes que combinam.

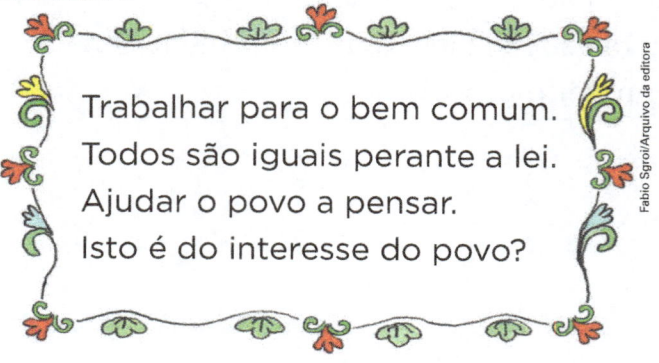

> Trabalhar para o bem comum.
> Todos são iguais perante a lei.
> Ajudar o povo a pensar.
> Isto é do interesse do povo?

Fabio Sgroi/Arquivo da editora

a) Na democracia não há privilégios, pois _____.

b) O governante eleito pelo povo deve orientar-se por um único ideal: _____.

50

c) A pergunta que deve orientar o agir do político democrático é:

_____

d) Os cientistas políticos são pessoas sérias e tentam _____

_____.

3. Leia, pense, comente com a turma e, depois, faça o que se pede.

> EU ACHO, COMO TODO O MUNDO DIZ, QUE NINGUÉM SABE GOVERNAR...
>
> POR QUE A UNIVERSIDADE NÃO CRIA A CARREIRA DE PRESIDENTE?
>
> AS PESSOAS IAM SAIR SABENDO COMO SE DEVE GOVERNAR, E PRONTO!
>
> E QUEM SERIAM OS PROFESSORES?

Mafalda 9. Quino. São Paulo: Martins Fontes, 2010. p. 6.

- Como você responderia à pergunta de Mafalda?

_____

4. Complete o diagrama usando as palavras do quadro que expressam afinidade com a democracia.

cidadania
decisões
eleições
parceria
igualdade
participação
poder
povo

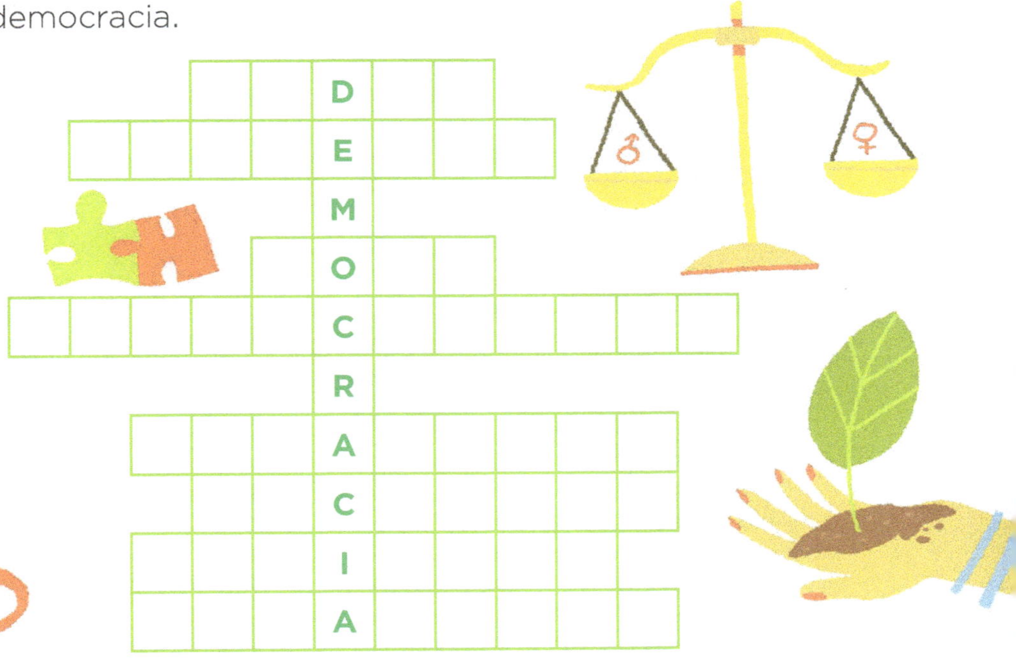

D
E
M
O
C
R
A
C
I
A

51

Vamos refletir?

5. Leia a história abaixo e tire suas conclusões.

Dois caciques indígenas da tribo Xavante visitaram São Paulo e foram levados para conhecer a cidade.

No mercado municipal, um deles viu o que nenhum de nós veria: um menino pobre, pegando do chão restos de alface, tomate, batatas e colocando num saquinho.

Para nós era normal. Mas o indígena perguntou: "— O que ele está fazendo?". "— Ué! — falamos — ele está pegando comida".

Depois de uns quinze minutos, o cacique tornou a falar: "— Eu não entendi! Por que ele pega comida do chão, pisada e feia, se aí do lado tem tanta comida boa?".

Para nós era normal...

Para eles, não. Eles repartem tudo entre si...

E falamos que são "selvagens"...

Adaptado de: *Qual é a tua obra?*, de Mario Sergio Cortella. Petrópolis: Vozes, 2007. p. 130.

Para responder só no seu coração:

a) Você já viu cena semelhante? Achou normal?

b) É certo achar normal uma cena como essa e ficar indiferente?

c) O que poderia e deveria ser feito em tais situações?

6. Releia os textos das páginas 39 e 52 com bastante atenção. Depois, responda:

a) Você percebeu semelhança entre os dois textos? Qual?

_____

_____

b) O que você acha da nossa sociedade, dita "civilizada", em comparação com a dos indígenas, dita "selvagem"?

_____

_____

IDEIAS EM AÇÃO

- Pesquise na internet ou em revistas imagens relacionadas com os assuntos que você estudou nesta unidade e cole abaixo.

Momento de oração

Senhor!
Abra meus olhos e meu coração
Ensina-me a ver e a sentir
Para que eu ajude a diminuir
As necessidades do meu irmão. Amém.

53

CAPÍTULO 8

Particular *versus* público

Em sua casa há coisas que só pertencem a você. E há outras que são de todos que moram nela.

Desde criança, você aprendeu a cuidar tanto de seus pertences quanto dos outros bens da casa, não é?

Ora, na cidade também deveria ser assim. Ela é a nossa grande casa. As ruas, as praças, os telefones públicos são de todos. Devemos cuidar deles como se estivem dentro de nossa casa.

No entanto, não é isso o que acontece. A toda hora, vemos pessoas jogando restos de cigarro, copos plásticos e tantas outras coisas nas vias públicas. Além disso, atualmente praças, ruas e praias têm se tornado quase que depósito de entulhos, onde se descarta o que não tem mais utilidade.

Muita gente ainda não se convenceu de que a cidade é a extensão de nossa casa; e de que não se deve jogar o lixo no chão.

É preciso respeitar e cuidar dos bens públicos assim como cuidamos de nossos bens particulares.

> **Ler é gostoso**

Cidadania na escola

Escola é lugar de aprender, de se divertir, de encontrar os amigos e de se preparar para o futuro.

Passamos tanto tempo na escola, que ela pode ser considerada a nossa segunda casa. E, como toda casa, ela também deve ser bem cuidada. Não tem sentido sujar o chão, riscar as paredes ou quebrar as coisas que você e seus colegas vão usar o ano inteiro.

A escola é uma pequena comunidade. Por isso, é preciso respeitar e conviver bem com todos, sejam alunos, professores ou funcionários.

A vida que levamos na escola é cheia de descobertas e desafios. E um dos maiores desafios da vida é descobrir como viver com responsabilidade e respeito aos outros. Ou seja, com cidadania.

Brincando de filosofar

A sua escola é como um pequeno país. É ali que se aprende a ser um bom cidadão.

Analise sua escola e responda: você e seus colegas estão sendo bons "cidadãos"? Por quê?

ATIVIDADES

Trocando ideias

1. Não vivemos sozinhos no mundo. Em toda parte, dividimos espaço com outras pessoas. Por isso, há regrinhas do que pode ou não pode ser feito em relação ao ambiente.

Converse com o professor e com os colegas para relembrar algumas dessas regrinhas e anote-as.

a) Em casa: _____

_____
_____
_____
_____

b) Na escola: _____

_____

c) Na rua: _____

_____

d) No *shopping*: _____

_____

e) No cinema: _____

_____

f) Na igreja ou no templo: _____

_____

2. Leia, comente e complete as frases.

a) Poderíamos resumir as respostas da atividade anterior em uma frase assim: *Mantenha os lugares* _____.

b) Cada pequena ação que realizamos transforma não só a nossa própria vida, mas também _____.

c) Se fizermos bem a nossa parte, com certeza estaremos contribuindo para transformar o mundo em um lugar _____.

d) A rua, a escola, o bairro e a cidade são extensões de nossa própria casa. Merecem, portanto, _____.

Vamos refletir?

3. Você pode fazer a diferença, sabia?

Seja como o **flautista mágico**, que, ao tocar sua bela música, fazia nascer árvores floridas em lugares sombrios.

Seja como o **menino Tistu**, que, com a magia do seu dedo verde, fazia brotar flores em presídios, hospitais e orfanatos.

a) Em vez de destruir, procure _____

_____.

b) Em vez de sujar, procure _____

_____.

c) Em vez de derrubar, procure _____

_____.

d) Em lugar de estragar, procure _____

_____.

e) Em vez de pisar nas flores, procure _____

_____.

f) Assim, certamente, você se sentirá bem mais _____

_____.

4. Leia e pense:

Um aviador tinha acabado de lançar uma bomba durante uma guerra mundial. Porém, antes que ela fizesse seus estragos, um anjo apanhou-a e a devolveu ao piloto, dizendo: "O senhor perdeu isto!".

a) Como podemos ser "anjos" em nosso ambiente?

_____
_____
_____

b) O que você pode fazer para manter sua escola sempre bem conservada, limpa e agradável?

_____
_____
_____
_____

c) O que você pode fazer para que as pessoas se sintam bem em sua companhia?

_____
_____
_____
_____

5. Leia, pense e tire suas conclusões. Depois escreva abaixo.

> A sabedoria pode fazer mais por uma pessoa do que dez prefeitos juntos podem fazer por uma cidade.
>
> Eclesiastes 7,19 (*A Bíblia na linguagem de hoje.* Sociedade Bíblica do Brasil)

_____
_____
_____

OLHANDO MAIS LONGE

Você poderá ser um bom político mais tarde. Para isso, precisa aprender, desde já, a ser um bom cidadão em casa, na escola e no esporte. Bom futuro!

UNIDADE 3

JUSTIÇA

9. O que é justiça?
10. Quem atira a primeira pedra?
11. A lei do amor
12. O homem e o sábado

**Só a justiça não basta.
De que mais precisamos para ser felizes?**

CAPÍTULO 9

O que é justiça?

Você já deve ter presenciado no dia a dia situações de justiça e de injustiça. Você acha justo, por exemplo:
- colar nas provas?
- não devolver ao dono objetos achados?
- humilhar colegas com apelidos e outras ofensas?
- furar filas?

Justiça é dar a cada um aquilo que lhe pertence ou a que tem direito. Tudo o que é contrário a isso pode ser classificado como injustiça.

A justiça é o fundamento de tudo. Sem ela não há paz, amizade, alegria nem felicidade.

Por que algumas pessoas têm tanta riqueza, enquanto muitos não possuem sequer um lugar para morar? Por que milhares de crianças não frequentam a escola? Porque vivemos em uma sociedade injusta.

Leis e justiça deveriam andar de mãos dadas. Mas isso nem sempre acontece.

Têmis, deusa grega da Justiça.

> **Ler é gostoso**

A justiça de Salomão

Salomão era rei de Israel, o povo de Deus. Era famoso por causa de seus julgamentos justos e sábios.

Um dia, apresentaram-se diante dele duas mulheres chorando. Uma dizia que a outra havia roubado seu filho.

— Senhor, disse a primeira. Eu e esta mulher moramos na mesma casa e cada uma de nós teve um filho. Durante a noite, o dela morreu sufocado enquanto dormia. Então ela colocou a criança morta junto de mim e pegou o meu filho.

— É mentira! O que está vivo é o meu filho! O teu é que morreu! — protestou a outra.

O rei deixou as duas discutirem uns instantes e depois ordenou aos criados:

— Trazei uma espada. Cortai o menino vivo em duas partes e dai a metade para cada uma.

Logo uma das mulheres suplicou:

— Ó, meu senhor! Que ela fique então com o menino! Não o matem, não o matem!

Ouvindo isso, Salomão pronunciou a sentença:

— Dai o menino à mulher que não quer que ele morra, pois esta é a verdadeira mãe.

💭 Brincando de filosofar

Pense e responda: Salomão iria mesmo cortar a criança em duas partes? Por quê?

63

ATIVIDADES

Pensando juntos

1. Ninguém pode ser feliz sem ser justo, sabia? Mas o que é justiça? Para entender melhor, reúna-se com um colega, leiam e, depois, completem as letras que faltam. Tudo isso junto é a justiça.

PRATICAR A	J	USTIÇA:
É DAR A CADA	U	M O QUE É SEU.
É GARANTIR O	S	DIREITOS DE TODOS.
É SER CORRE	T	O NO DIA A DIA.
É CONSTRU	I	R A PAZ.
É COME	Ç	AR EM CASA.
É VALORIZ	A	R AS PESSOAS.

2. Ainda com o colega, façam o que se pede.

> É nos fatos do dia a dia que a grandeza da justiça se realiza.

Escreva **É justo** ou **Não é justo** nas frases abaixo.

_____ que todos tenham o necessário para viver bem.

_____ que milhares de crianças sofram por desnutrição.

_____ que as pessoas passem frio e fome.

_____ que as crianças brinquem e frequentem escolas.

_____ que haja emprego e salário digno para todos.

_____ viver embaixo de pontes e viadutos.

_____ poder tratar os dentes e sorrir com dignidade.

_____ poder viver em paz e com segurança.

Vamos refletir?

3. Leia, pense e depois responda:

Se houver justiça no coração,
haverá beleza no caráter.

Se houver beleza no caráter,
haverá harmonia no lar.

Se houver harmonia no lar,
haverá ordem na nação.

Se houver ordem na nação,
haverá paz no mundo.

Pensamentos de ouro, de Jo Petty (compilador).
São Paulo: Paulinas, 1992. p. 46.

a) Você leu que a prática da justiça promove reações em cadeia. Complete o esquema que mostra isso.

A Justiça produz _____,

que produz _____,

que produz _____,

que produz _____.

b) A paz tem um fundamento poderoso. Qual é? Escreva com letras grandes no quadrinho e, depois, enfeite-o.

c) Concluindo, pode-se dizer que, sem justiça, não há _____.

4. Agora, leia este texto.

Soldados de pedra
arrastam o menino
que roubou
um pão.

E esquecem de arrastar
os meninos grandes
que roubam
a nação.

Panela no fogo, barriga vazia, de Maria Dinorah.
Porto Alegre: L&PM, 1986. p. 39.

O texto acima nos mostra que:

☐ a justiça, infelizmente, não é igual para todos.

☐ roubar um pão é mais grave do que roubar a nação.

☐ os "meninos grandes" são as pessoas corruptas.

☐ quem rouba dinheiro da nação não merece ser preso.

☐ aqueles soldados estão sendo injustos com o menino.

☐ a justiça também falha.

☐ pode-se roubar pão à vontade.

5. Muitos dos primeiros cristãos viviam de acordo com a justiça. Eles repartiam entre si tudo o que possuíam. Por isso, não havia entre eles ninguém passando fome ou frio. Além disso, todos tinham onde morar.

a) Atualmente, as pessoas ainda vivem como os primeiros cristãos? Explique.

_____
_____
_____
_____

b) Utilizando os adesivos do final do livro, cole o símbolo da justiça e as cenas conforme cada frase. Escreva abaixo de cada uma a palavra JUSTIÇA ou INJUSTIÇA.

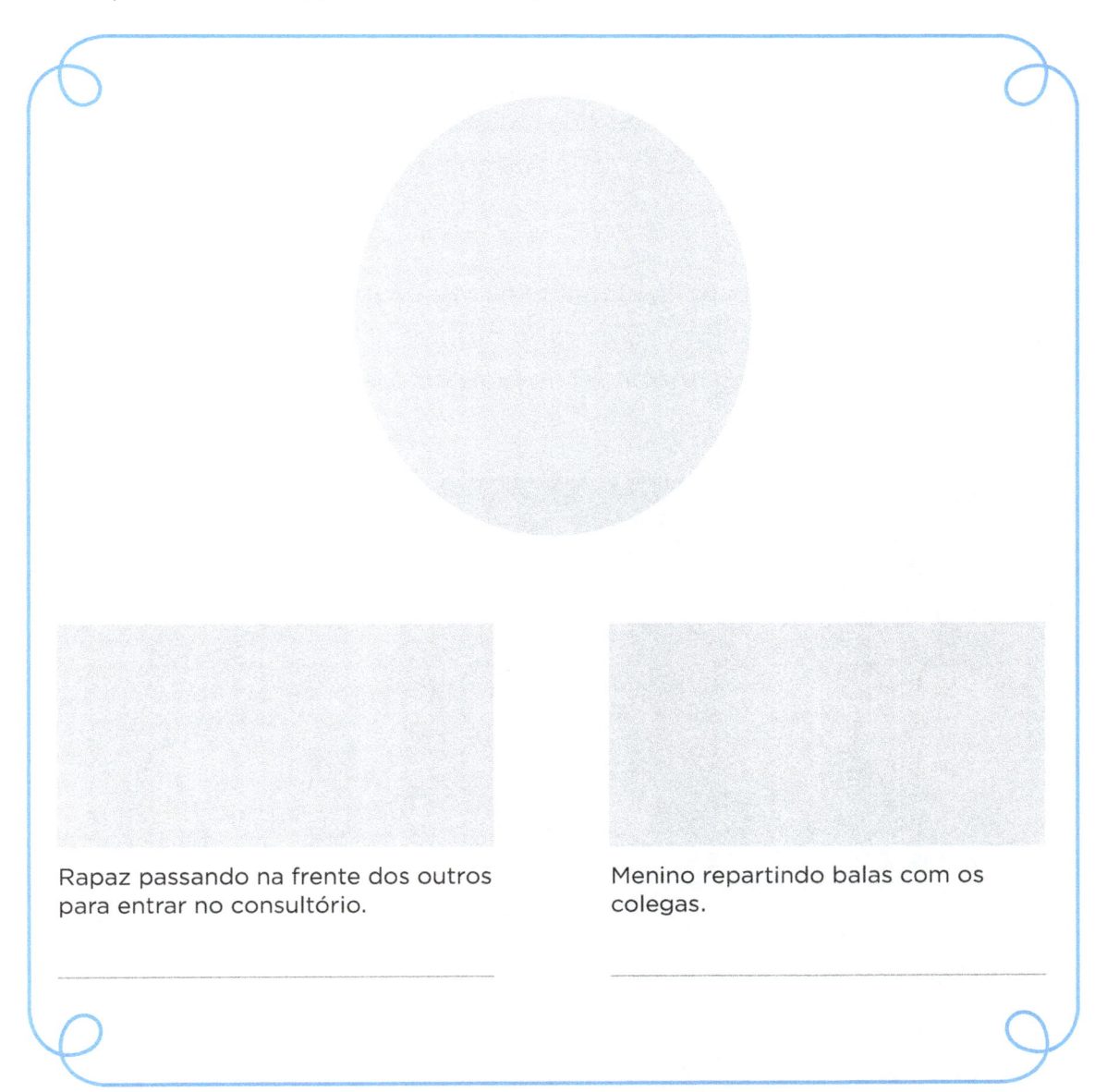

Rapaz passando na frente dos outros para entrar no consultório.

_____

Menino repartindo balas com os colegas.

_____

6. Para ler em conjunto e memorizar.

É meu desejo profundo
ver o mundo sem bandeiras,
um mundo de todo mundo
onde não haja fronteiras.

Autoria desconhecida

Se você busca a justiça
você é bem-aventurado,
pois pela justiça de Deus
você será amparado.

Palavra sagrada poesia encantada, de Paulo Debs.
São Paulo: Editora Vida, 2009. p. 34.

CAPÍTULO 10

Quem atira a primeira pedra?

A cena narrada no texto a seguir mostra como é grande e bonito o amor de Jesus pelos pequenos, pobres, doentes e pecadores. Jesus provou que o amor e o perdão estão acima de todos os costumes e leis.

> *Um dia, Jesus estava falando para um grupo de pessoas, quando apareceram alguns fariseus com uma mulher pecadora.*
>
> *De acordo com uma antiga lei do judaísmo, essa mulher deveria ser apedrejada.*

Jesus e a pecadora, pintura de Lucas Cranach, o Velho, 1540.

> *Na verdade, aqueles maus fariseus queriam mesmo era armar uma cilada para Jesus. Pensaram o seguinte: se ele mandar apedrejar a mulher, nós o acusaremos de desumano e cruel; se ele não a condenar, diremos que ele, mais uma vez, desrespeitou uma lei da religião.*

Mas Jesus fez o seguinte: começou a escrever com o dedo algumas palavras no chão. Ninguém sabe o que ele escreveu. Mas certamente eram os pecados daqueles que queriam apedrejar a mulher.

Depois, disse:

— Aquele que não tem pecado atire a primeira pedra!

Não ficou ninguém ali. Olhavam o que estava escrito e se retiravam de fininho.

Então, Jesus olhou para a mulher, triste e humilhada, e perguntou:

— Ninguém te condenou, mulher?

— Ninguém, Senhor.

— Pois eu também não te condeno. Vai e não peques mais.

Fariseus: associação de judeus que interpretavam e explicavam as leis ao povo.
Cilada: armadilha.
De fininho: devagarinho, em silêncio, sem chamar a atenção.

João 8,1-11

Ler é gostoso

O dedo sujo

"Não aponte meus defeitos com seu dedo sujo". Frases como essa servem para aqueles que estão sempre prontos a acusar e condenar os outros.

Antes de criticar alguém, devemos avaliar se não somos culpados do mesmo erro ou de outro ainda mais grave.

Quanto mais pura é uma pessoa, mais tolerante é para com os defeitos dos outros; e, quanto menos perfeita, mais intolerante é para com as falhas do próximo.

Brincando de filosofar

Só a prática da justiça não é suficiente para que uma comunidade tenha paz e felicidade.

Com base no que você estudou neste capítulo, o que mais é preciso?

ATIVIDADES

Pensando juntos

1. Leia, comente com um colega e pinte as respostas corretas.

a) Na história que você acabou de ler, "atirar pedras" significa:

| Criticar | Elogiar | Condenar | Xingar |

| Ajudar | Acusar | Perdoar |

b) Mas Jesus nos ensina a não "atirar pedras", e sim a ter:

| Paciência | Medo | Tolerância | Desconfiança |

| Desprezo | Compreensão | Perdão |

2. Para debater e responder em dupla.

> Jesus foi compreensivo e bondoso com a mulher que errou.

a) Como ele demonstrou isso?

_____
_____

b) O que Jesus quis nos ensinar com essa história?

_____
_____

c) O que podemos e devemos fazer quando vemos uma pessoa de nosso convívio agindo errado?

_____
_____

3. Há uma fábula que nos faz pensar sobre como lidar com as dificuldades que os defeitos das pessoas causam na convivência. Leia-a com um colega.

A fábula do porco-espinho

Durante a era glacial, os porcos-espinhos resolveram se juntar em grupos para se esquentar mutuamente. Mas os espinhos machucavam uns aos outros, e decidiram separar-se. Muitos deles, então, morreram congelados.

Diante disso, os que sobreviveram precisavam fazer uma escolha: ou morreriam também congelados, ou aceitavam os espinhos uns dos outros. Com sabedoria, escolheram voltar a ficar juntos, dispostos a suportar as incômodas espetadas.

Aprenderam, então, a conviver com as pequenas feridas que a relação muito próxima pode causar, porque mais importante do que as espetadas era o calor uns dos outros. E assim sobreviveram.

Almanaque Santo Antônio. Organizado por Frei Edrian Josué Pasini, OFM. Petrópolis: Vozes, 2011. p. 124.

Pensando nisso, completem as frases, ordenando as sílabas.

- Todos nós temos _____ e _____.
  (**DES DA LI QUA**)   (**TOS FEI DE**)

- Os _____ são os _____ desagradáveis,
  (**FEI DE TOS**)   (**NHOS PI ES**)

  e as _____ são o calor aconchegante.
  (**LI DA QUA DES**)

71

Vamos refletir?

4. Outra fábula que nos leva a pensar chama-se **O corvo e o pavão**. Você a conhece? Leia-a e reflita sobre o que ela nos ensina. Depois, faça uma bela ilustração.

O pavão se vangloriava de sua grande beleza e criticava o corvo, chamando-o de feio, capenga e desengonçado.

Tanto provocou que o corvo decidiu dar uma resposta ao pavão. Calmamente, sugeriu-lhe que olhasse para seus próprios pés, pois eram horrorosos.

O pavão abaixou-se e contemplou-os longamente... Ficou tão desapontado que saiu andando, sem dizer mais nada.

5. Mostre que você entendeu e responda:

a) O que se deve fazer antes de reclamar dos defeitos dos outros?

_____

_____

_____

b) Você não acha que os fariseus da história de Jesus se parecem com o pavão da fábula? Explique.

_____

_____

_____

c) Por que os fariseus se retiraram "de fininho"?

_____

_____

_____

d) Antes de reclamar das "espetadas" dos outros, lembre-se de que você também tem _____

_____.

Momento de oração

Senhor Deus!
Guia-me pelos caminhos da justiça e do amor.
Que eu sempre me lembre
de tratar os outros da mesma forma
como eu gostaria de ser tratado.
Amém.

CAPÍTULO 11

A lei do amor

Você já sabe que a função das leis e dos regulamentos é o bem de todos, o bem da comunidade.

Quando as pessoas se amam, há respeito, compreensão, solidariedade e justiça.

Mas, quando não existe amor, é preciso criar várias leis.

É por isso que Jesus nos deixou os Dez Mandamentos. Mas ele os resumiu em apenas dois:

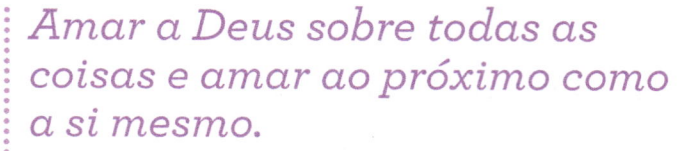

> *Amar a Deus sobre todas as coisas e amar ao próximo como a si mesmo.*
>
> Mateus 22,34-40

Fotos: [1] Naypong/Shutterstock/Glow Images; [2] Viktor Gladkov/Shutterstock/Glow Images; [3] vita tkhorzhevska/Shutterstock/Glow Images; [4] Maryna Pleshkun/Shutterstock/Glow Images; [5] romrf/Shutterstock/Glow Images.

Quem ama ao próximo como a si mesmo jamais lhe fará mal. Sabendo isso, Santo Agostinho, um sábio do cristianismo, disse:

Ama e faz o que queres.

Leis do coração

O amor é mais exigente que a lei:
- A lei manda não prejudicar os outros; o amor faz o bem até aos inimigos.
- A lei manda não vingar-se; o amor perdoa.
- A lei manda não roubar; o amor reparte.
- A lei manda não matar; o amor produz vida.
- A lei manda não mentir; o amor é a própria verdade.

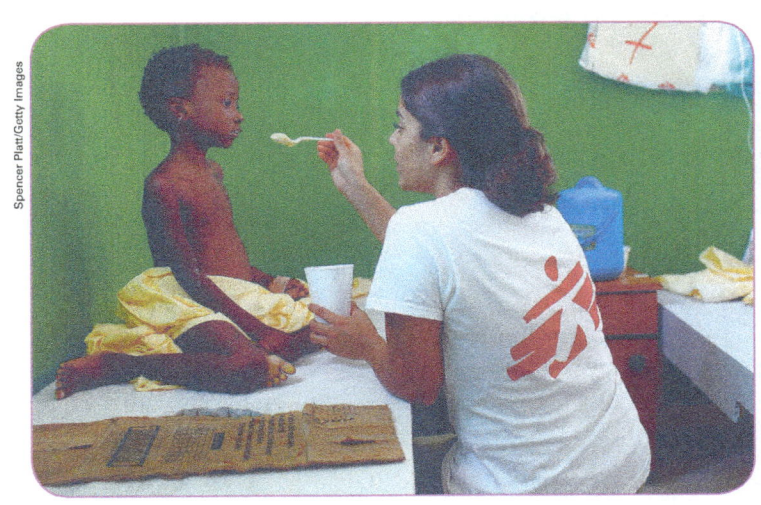

Médica do projeto *Médicos Sem Fronteiras* alimenta paciente, vítima de uma epidemia de cólera no Haiti, 2010.

Voluntário dando aula para crianças em área carente na Tailândia, 2012.

> Ler é gostoso

Estatutos do Homem

Estatuto: lei, regulamento.

O poeta brasileiro Thiago de Mello imaginou um mundo de poucas leis, todas baseadas no amor. Leia alguns trechos.

Artigo 1

Fica decretado que agora vale a verdade, que agora vale a vida e que de mãos dadas trabalharemos todos pela vida verdadeira.

Artigo 3

Fica decretado que, a partir deste instante, haverá girassóis em todas as janelas, que os girassóis terão direito a abrir-se dentro da sombra; e que as janelas devem permanecer, o dia inteiro, abertas para o verde onde cresce a esperança.

Artigo 8

Fica decretado que a maior dor sempre foi e será sempre não poder dar amor a quem se ama, sabendo que é a água que dá à planta o milagre da flor.

Estatutos do Homem, de Thiago de Mello. São Paulo: Vergara, 2004.

Brincando de filosofar

Reflita, depois responda: por que Santo Agostinho disse "Ama e faz o que queres"?

ATIVIDADES

Pensando juntos

1. Leia esta história com um colega e depois respondam às perguntas.

Conta a história que um rei contraiu uma estranha doença. Essa doença fazia com que ele enxergasse só os grandes e ouvisse só os de voz forte.

Os pequenos e os de voz fraca, simplesmente, não eram vistos nem ouvidos. Eram ignorados, como se não existissem...

O que os olhos não veem, de Ruth Rocha. Rio de Janeiro: Salamandra, 1981. (Texto adaptado)

a) Como vocês acham que reagiram os pequenos e os de voz fraca?

b) Vocês acreditam que há pessoas que sofrem da doença desse rei? Expliquem.

c) O que vocês fariam se estivessem entre aqueles que não são vistos nem ouvidos?

d) Releiam os **Estatutos do Homem**, na seção *Ler é gostoso*. Expliquem que tipo de mundo o poeta Thiago de Mello imaginou.

Trocando ideias

2. Marque com um **X** a resposta que você considera mais adequada à pergunta e justifique sua escolha. Depois, converse sobre o assunto com o professor e os colegas.

- Por que os pequenos, os fracos e os pobres são quase sempre ignorados em nossa sociedade?

☐ Porque eles não precisam de atenção.

☐ Porque essa é a lei da justiça.

☐ Porque não trazem vantagens.

☐ Porque há muito individualismo.

☐ Outro motivo. Qual?
_____

Justifique por que você escolheu essa alternativa.
_____
_____

3. Releia o texto **Leis do coração** na página 75 e pense nas escolhas que essas leis nos sugerem. Comente com a turma e complete as frases. Você pode ESCOLHER:

- AMAR em vez de _____.
- CALAR em vez de _____.
- CURAR em vez de _____.
- REPARTIR em vez de _____.
- PERDOAR em vez de _____.

4. Como é mesmo que Jesus resumiu as leis? Escreva abaixo.

Vamos refletir?

5. Pense e complete usando apenas as palavras **amor** e **leis**.

- Se houvesse mais _____ entre as pessoas, não haveria necessidade de existirem tantas _____ .

- Quando amamos as pessoas, não lhes fazemos o bem por causa das _____ , mas, sim, movidos pelo _____ .

- Assim, concluímos que o _____ está acima das _____ .

6. Para refletir e memorizar:

> De todos os caminhos
> que é possível trilhar,
> nada é mais excelente
> do que o fato de amar.
>
> *Palavra sagrada poesia encantada*, de Paulo Debs. São Paulo: Editora Vida, 2009, p. 46.

CAPÍTULO 12

O homem e o sábado

É proibido subir com o carro na calçada. Mas, para socorrer uma pessoa, o carro de resgate dos bombeiros subiu.

É proibido ficar na classe durante o recreio. Mas está chovendo muito e o diretor autorizou os alunos a jogar e a tomar o lanche na sala de aula.

Os pais de Carlos não permitem que ele ande de bicicleta na avenida. Mas o trânsito foi interditado e eles deixaram Carlos ir de bicicleta até lá com os amigos.

RUA FECHADA

Você acha que nesses três exemplos vistos na página ao lado a lei foi desrespeitada?

O bombeiro, o diretor e os pais de Carlos agiram corretamente?

Leis e regras existem para que as pessoas possam viver em paz e felizes. Por isso, nas situações vistas, elas foram modificadas.

Jesus também nos deixou ensinamentos importantes sobre isso.

Jesus era judeu. Para os judeus, o sábado era – e continua sendo – um dia especial, dedicado a Deus. Para os cristãos, esse dia especial é o domingo, dia em que Jesus ressuscitou.

Os judeus não devem trabalhar a partir do anoitecer de sexta-feira e durante todo o dia de sábado. Jesus seguia essa lei.

Mas em duas situações ele deixou de respeitar o sábado. Por isso, foi criticado por alguns fariseus que viviam procurando pretextos para acusá-lo perante o povo.

Vamos conhecer as duas passagens referentes ao sábado.

Num sábado, alguns seguidores de Jesus entraram em um campo de trigo e colheram espigas para comer, pois estavam com fome.

Aqueles fariseus disseram que aquilo era trabalhar e, portanto, proibido.

Em outra ocasião, Jesus curou um doente num sábado. De acordo com aqueles fariseus, até isso era proibido.

Em ambos os casos, Jesus provou que estava certo. Disse que aqueles fariseus é que estavam tornando o sábado mais importante que as necessidades das pessoas. E foi aí que pronunciou a famosa frase:

O sábado foi feito para o homem, e não o homem para o sábado.

Marcos 2,27

Suryara/Arquivo da editora

Ler é gostoso

A vida de uma criancinha

O descanso aos sábados é um dos muitos preceitos sagrados dos israelitas.

Perguntaram a um mestre:

— Pode um homem profanar um sábado para salvar um recém-nascido?

O sábio israelita respondeu:

— Para salvar a vida de uma criancinha pode o homem profanar o sábado com trabalhos. De um sábado profanado para tão nobre fim resultará uma vida preciosa que poderá, depois, respeitar muitos sábados.

Adaptado de: *Lendas do povo de Deus*, de Malba Tahan. Rio de Janeiro: Record, 2000. p. 61.

Profanar: desrespeitar algo sagrado.

Brincando de filosofar

De acordo com o que leu neste capítulo, há ocasiões em que as leis podem ser modificadas? Discuta o assunto com o professor e os colegas.

ATIVIDADES

Vamos refletir?

1. Leia, pense e responda:

> Sábado é dia de descanso
> para quem muito trabalhou.
> Até Deus, quando criou o mundo,
> no sétimo dia descansou.
>
> O dia de descanso é o domingo
> para muitos cristãos, sim, senhor,
> que é para lembrar-se, que lindo,
> da ressurreição de Nosso Senhor.
>
> *Palavra sagrada poesia encantada*, de Paulo Debs.
> São Paulo: Editora Vida, 2009. p. 16.

a) Para a sua família, que dia da semana é especial? Por quê?

_____

_____

b) O que vocês fazem de especial, nesse dia?

_____

_____

2. Assinale as opções que melhor completam a frase. Com isso, Jesus quis dizer que:

- [ ] o homem é mais importante que as leis.
- [ ] a lei do sábado representa as leis em geral.
- [ ] os homens têm de ser escravos das leis.
- [ ] é preciso usar o bom senso em relação às leis.
- [ ] as leis têm de ser respeitadas a qualquer preço.
- [ ] as leis são mais importantes que as pessoas.
- [ ] há situações em que certas leis não podem ser respeitadas.

> O SÁBADO FOI FEITO PARA O HOMEM, E NÃO O HOMEM PARA O SÁBADO.

Trocando ideias

3. Jesus provou, na prática, que as pessoas e suas necessidades estão acima da lei. Comente com a turma e responda:

a) Como ele demonstrou isso?

_____
_____

b) O que ele quis ensinar com esse exemplo?

_____
_____

c) No início do capítulo, há três exemplos ilustrados que comprovam essa prática na atualidade. Escolha um deles e comente-o.

_____
_____
_____

4. Para discutir na classe. Pense em como Jesus encarava a lei e julgue estes fatos:

a) "Seu" Dimas raspou a casca de uma árvore para fazer chá para sua esposa doente. Acontece que essa árvore pertencia a uma reserva protegida por lei. "Seu" Dimas foi preso por infringir a lei.

Na opinião de vocês, isso foi justo? Por quê?

_____
_____

b) Luizão fez uma perigosa manobra em uma via pública. Perdeu o controle do carro e atropelou duas crianças. Não foi preso porque as autoridades disseram que ele não teve a intenção de machucar.

Na opinião de vocês, a sentença foi justa? Por quê?

_____
_____

5. Volte à seção *Ler é gostoso* e releia o texto **A vida de uma criancinha**.

a) O que mais chamou a sua atenção nessa história?

_____
_____
_____
_____
_____

b) O ensinamento desse sábio israelita se parece com o ensinamento de Jesus? Explique.

_____
_____
_____
_____
_____
_____

Momento de oração

Senhor,
que não nos esqueçamos jamais
de te procurar!
Sabemos que estás
onde se pratica a bondade,
onde as pessoas se amam,
onde se cultiva a justiça.
Permanece conosco, Senhor!
Amém.

OLHANDO MAIS LONGE

A justiça é o primeiro passo. Depois, é preciso cultivar a misericórdia, a compreensão e o perdão. Mas é preciso que a pessoa se corrija. Lembre-se da frase de Jesus à pecadora: "Vai e não peques mais".

UNIDADE 4

SAL E LUZ

13. Sal e luz do mundo
14. Buda, o iluminado
15. Dalai Lama: como ser feliz
16. Palavras e exemplos

Com sal e luz, seríamos todos felizes,
e o mundo não teria tantos problemas.
Por que é tão difícil ser sal e luz?

CAPÍTULO 13

Sal e luz do mundo

Cristãos: sal da Terra

Além de realçar o sabor dos alimentos, o sal serve para conservá-los, pois dificulta a proliferação de microrganismos.

Atualmente, sal é um dos produtos mais baratos. Mas já foi bastante valioso. Em tempos antigos, muitas pessoas ficaram ricas com o comércio de sal.

Em alguns lugares, o sal era utilizado como dinheiro. O trabalhador levava para casa um pouco de sal como pagamento. Era o seu *salarium* (salário).

O sal também já foi símbolo da amizade. Disse Jesus:

Tenham sal em vocês e vivam em paz uns com os outros.
Marcos 9,50

Em outra ocasião, Jesus disse a seus discípulos:

Vocês são o sal da Terra.
Mateus 5,13

Salinas no Rio Grande do Norte, 2012.

Portanto, os cristãos devem ser para os outros o que o sal é para os alimentos. Precisam tornar os ambientes alegres, agradáveis, sem mentira, injustiça, roubo, corrupção.

Que a conversa de vocês seja sempre agradável, temperada com sal.
Colossenses 4,6

Cristãos: luz do mundo

Você já pensou na importância da luz?

Sem luz, não enxergamos nada. Não podemos ver:
- o rosto das pessoas;
- as cores do mundo;
- as belas paisagens da natureza.

Procissão de festa cristã (Corpus Christi) em Capanema (Pará), 2013.

A luz é o símbolo da vida reta, limpa, honesta.
O apóstolo Paulo certa vez escreveu:

Andai como filhos da luz, pois o fruto da luz consiste em bondade, justiça e verdade.
Carta aos Efésios 5,8-9

Jesus ilumina a nossa vida, assim como o Sol ilumina a Terra:

Eu sou a luz do mundo, quem me segue não anda nas trevas.
João 8,12

Ele também disse:

Vocês são a luz do mundo!
Mateus 5,14

Eis, portanto, a tarefa de cada cristão e de cada pessoa religiosa ou não:

Ser luz:
• para os que não enxergam a verdade;
• para mostrar os caminhos da justiça e do amor;
• para combater a ignorância e as superstições.

Ler é gostoso

O vaga-lume

O vaga-lume é um inseto bem pequeno, mas muito corajoso. Na escuridão imensa, ele passa riscando as trevas com sua luz pequenina.

Por mais escuro que esteja este mundo, você pode ser um pouquinho de luz.

Vaga-lume.

Você é mais que um vaga-lume: é filho de Deus! E Deus é luz. Assim lemos na Bíblia:

> *Eis a mensagem que dele*
> *Ouvimos e vos anunciamos:*
> *Deus é luz*
> *E nele não há trevas.*
>
> João 1,5

Orações e mensagens, de Padre Luiz Cechinato. Petrópolis: Vozes, 2010. p. 27.

A palavra "deus" deriva de *deywos, vocábulo de uma antiga língua europeia, e significa 'luz'.*

A palavra "dia" também é derivada do mesmo vocábulo. O dia, ao contrário da noite, é claro, iluminado.

Brincando de filosofar

Pense e responda: Jesus não poderia encontrar duas palavras mais significativas para caracterizar seus seguidores: sal e luz.
Das duas imagens (sal e luz), qual você considera mais significativa? Por quê?

ATIVIDADES

Pensando juntos

1. Refletindo em dupla, completem as frases com as palavras do quadro.

agradável	Terra	mentira
alegre	corrupção	injustiça

a) Ser o sal da _____ é tornar o lugar onde vivemos mais _____ e mais _____.

b) Significa também não aceitar a _____, o roubo, a _____ e a _____.

2. A luz é um símbolo muito forte usado em diversas expressões populares. Expliquem o que significa:

a) Uma "luz no fim do túnel".

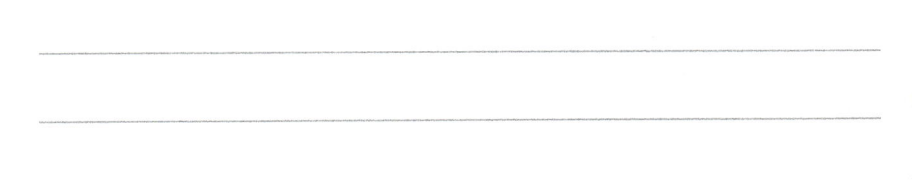

b) Finalmente tive "uma luz".

c) Fulano tem "luz própria".

Vamos refletir?

3. Escreva como você pode "ser sal", isto é, transmitir alegria e entusiasmo, nas situações a seguir.

a) Sua turma está perdendo o jogo e quer desistir da partida.
_____
_____

b) Seu colega está triste porque foi mal na prova.
_____
_____

c) Seu grupo de estudos está trabalhando muito devagar e sem vontade.
_____
_____

d) Sua mãe está muito cansada e com muito serviço.
_____
_____

4. Complete as frases usando as expressões do quadro.

concorda | não concorda

Quando o cristão é "sal da Terra", ele:

- _____ com as injustiças;
- _____ com a fraternidade;
- _____ com a igualdade de direitos;
- _____ com o abandono de crianças;
- _____ com a luta por um mundo melhor;
- _____ com a miséria e a fome;
- _____ com a paz e a bondade.

92

Trocando ideias

5. Observe, pense e responda:

Mig & Meg em tirinhas – Coleção 2, de Márcia M. d'Haese. Curitiba: Arco – Arte e Comunicação, 2001. p. 21.

a) Se você estivesse em uma sala totalmente escura, o que faria?

_____

_____

_____

b) Para quem caminha no escuro, qual é a maior preocupação?

_____

_____

_____

c) E qual é a maior esperança?

_____

_____

6. Novamente estão em cena o vaga-lume Spot e o pernilongo Buzz. Leia, observe e converse com a turma.

Mig & Meg em tirinhas – Coleção 2, de Márcia M. d'Haese. Curitiba: Arco – Arte e Comunicação, 2001. p. 29.

93

a) Há alguma razão para gostar de um pernilongo? E de um vaga-
-lume? Explique.

_____

_____

b) De acordo com o segundo quadrinho, o que significa "ser luz"?

_____

_____

c) Se todos nós "fôssemos luzes" uns para os outros, o que não haveria no mundo? Pinte:

inveja

egoísmo   alegria

amizade   violência   paz

guerra   fome   felicidade   amor

compreensão   confiança   bondade

desconfiança   injustiça

ternura   mentira

verdade

94

CAPÍTULO 14

Buda, o iluminado

Cerca de cinco séculos antes de Jesus, nasceu na Índia um príncipe que recebeu o nome de Sidarta Gautama.

Ele era muito rico. Mas quando percebeu que as pessoas não eram felizes, deixou o palácio e buscou os caminhos da felicidade.

Ele ficou conhecido como Buda, que significa 'iluminado', isto é, aquele que se tornou luz. Quem segue seus ensinamentos também pode enxergar os meios de ser feliz.

Atualmente, milhões de pessoas no mundo todo seguem a maneira de viver de Buda, chamada **budismo**.

Estátua de Buda em templo na Índia, 2012.

Ensinamentos do budismo

Buda praticou tudo o que ensinou. Ele não era igual àquelas pessoas que mandam os outros fazerem o bem, mas elas mesmas não o fazem.

O principal ensinamento budista é o desapego. Uma pessoa desapegada é aquela que acha que ter coisas é menos importante que ser bom, honesto, caridoso.

Buda ensina que o apego aos bens materiais é causa de muitos sofrimentos. É preciso saber que as coisas são passageiras, a riqueza é passageira, a vida é passageira.

Não são os bens materiais que nos fazem felizes, mas a bondade, a compreensão, a ajuda aos necessitados.

Conselhos de Buda

Vencer a raiva com o amor.
Vencer o mal com o bem.
Vencer a mentira com a verdade.

Pensamentos de Buda

Quem protege sua mente da cobiça e da raiva sente o prazer da verdadeira e duradoura paz.

Fazer o bem, evitar o mal e limpar os pensamentos são deveres de todo iluminado.

Templo budista em Três Coroas, no Rio Grande do Sul, em 2011. Esse é o primeiro templo tibetano tradicional da América Latina.

Ler é gostoso

Buda e a flor

Um dia, Buda mostrou uma flor a seus discípulos e pediu-lhes que dissessem alguma coisa sobre ela.

Olharam algum tempo a flor e logo um deles fez uma reflexão longa sobre ela. Outro fez uma poesia. O terceiro fez uma parábola. Cada um queria mostrar mais sabedoria que o outro.

Um, porém, olhou a flor, sorriu silencioso, e nada falou. Buda concluiu:

— Este último foi o único que viu a flor.

Parábola: história que transmite uma mensagem em forma de comparação. Jesus, por exemplo, contava parábolas para que as pessoas entendessem o que ele queria ensinar.

Brincando de filosofar

Buda, o iluminado, nasceu cerca de cinco séculos antes de Jesus. Isso significa que o símbolo da luz já existia bem antes de Cristo e bem longe da Palestina, onde Jesus viveu.

Tanto para Buda como para Jesus, ser luz é essencial. E para você, o que quer dizer "essencial"?

ATIVIDADES

Pensando juntos

1. Leia com um colega e assinale:

Em todas as épocas e em todos os lugares do planeta, surgiram pessoas iluminadas que se tornaram "luzes" para o mundo.

Essas pessoas representam:

☐ esperança para os desanimados.

☐ ilusão e perda de tempo.

☐ exemplos a serem seguidos.

☐ inspiração na busca de caminhos.

☐ propaganda enganosa.

☐ sinais de um mundo melhor.

☐ alegria e renovação.

2. Complete as frases consultando o banco de palavras.

triste	príncipe	felizes
iluminadas	conforto	palácio

a) Buda foi uma dessas pessoas _____.

b) Ele era um _____ muito rico.

c) Vivia em um _____, rodeado de conforto.

d) Quando viu o sofrimento das pessoas, ficou muito _____.

e) Então, decidiu fazer algo para ajudar as pessoas a ser _____.

f) Abandonou todo o _____ do palácio e partiu para a luta.

3. Para completar as frases, escreva a primeira letra de cada desenho.

a) A palavra "Buda" significa _____.

b) A religião fundada por Buda é o _____.

c) Buda nasceu na _____.

d) Seu principal ensinamento é o _____.

Trocando ideias

4. Fala-se que:

- o jogador estava iluminado;
- aquele professor é iluminado;
- Buda era iluminado.

a) Afinal, o que é ser iluminado? Converse sobre isso com a turma e o professor.

b) O que Buda fez de surpreendente?

5. Leia e depois complete as lacunas.

Além do exemplo de vida, Buda deixou muitos ensinamentos. Eles são representados por uma roda, que se tornou o símbolo do budismo.

Veja:

a) Na prática, uma roda significa _____.

b) Rodas são indispensáveis para movimentar _____ e _____.

c) Podemos concluir, então, que os ensinamentos de Buda devem estar sempre em _____.

Vamos refletir?

6. Circule no diagrama as palavras destacadas e pense nisso.

O **desapego** é o principal **ensinamento** de **Buda**: "Não são os **bens** materiais que nos fazem **felizes**, mas, sim, a **bondade**, a **compreensão** e a **ajuda** aos necessitados."

F	K	X	S	T	V	L	N	B	T	M	D	G	H
L	B	U	D	A	I	M	B	O	N	D	A	D	E
K	L	H	G	B	F	N	S	Z	C	B	R	M	Q
G	C	O	M	P	R	E	E	N	S	Ã	O	T	N
F	M	T	W	S	R	T	P	H	R	S	X	L	G
D	E	S	A	P	E	G	O	M	B	E	N	S	B
R	B	N	L	J	H	F	M	S	Q	N	W	R	F
E	N	S	I	N	A	M	E	N	T	O	Q	B	N
Z	C	V	J	L	N	R	Q	K	N	P	M	S	G
J	A	J	U	D	A	N	F	E	L	I	Z	E	S

• Para concluir: a Mafalda parece que entendeu a lição do desapego ensinada por Buda. Já o Manolito... Leia e confira:

Mafalda 2. Quino. São Paulo: Martins Fontes, 2006. p. 89.

100

CAPÍTULO 15

Dalai Lama: como ser feliz

O Tibete é uma região da Ásia onde se pratica o budismo. Nele nasceu, em 1935, um menino que se tornaria a autoridade mais importante do budismo atual. Esse menino é o famoso Dalai Lama.

Dalai Lama é o título que o budismo tibetano dá à maior autoridade política e religiosa do budismo. "Dalai Lama" significa 'oceano de sabedoria'.

O nome original de Dalai Lama é Tenzin Gyatso.

Em 1950, quando Tenzin tinha 15 anos, a China invadiu o Tibete e o anexou ao território chinês. Não só destruiu milhares de mosteiros, como também matou e prendeu muita gente. Dalai Lama e muitos tibetanos se refugiaram na Índia, onde vivem até hoje.

Anexar: incorporar um país ou uma região a outro país, geralmente pela força.

Desde então, Dalai Lama tem procurado libertar o Tibete sem uso de violência. Ele já se reuniu com muitas autoridades mundiais: reis, presidentes e o papa. Fez milhares de conferências pelo mundo e escreveu centenas de livros. Isso lhe rendeu muitos prêmios, incluindo o prêmio Nobel da Paz em 1989.

Dalai Lama quando criança.

Dalai Lama como líder religioso.

Ensinamentos de Dalai Lama

- *Minha religião é muito simples. Minha religião é a bondade.*
- *Ódio, amargura e raiva não servem para nada.*
- *As fontes básicas da felicidade são um bom coração, compaixão e amor.*
- *O caminho para resolver os problemas humanos é o da não violência.*
- *Para mim não existe diferença entre presidente, mendigo e rei.*
- *A essência do budismo é: se você puder, ajude os outros. Se não puder, pelo menos não os prejudique.*

Meditações, de Dalai Lama. São Paulo: Martins Fontes, 2002. p. 7, 17, 21, 22, 23, 89. (Texto adaptado)

Que médico recomenda a raiva como tratamento para alguma doença? Nenhum. A raiva só nos fere. Pergunte a si mesmo: quando você está com raiva, fica feliz?

Uma ética para o novo milênio, de Dalai Lama. Rio de Janeiro: Sextante, 2006. p. 111.

Oração

*Que eu me torne em todos os momentos, agora e sempre,
um protetor para os desprotegidos,
um guia para os que perderam o rumo,
um navio para os que têm oceanos a cruzar,
uma ponte para os que têm rios a atravessar,
um santuário para os que estão em perigo,
uma lâmpada para os que não têm luz,
um refúgio para os que não têm abrigo,
e um servidor para todos os necessitados.*

Uma ética para o novo milênio, de Dalai Lama. Rio de Janeiro: Sextante, 2006. p. 255.

Ler é gostoso

O inimigo comum

O inimigo comum de todas as disciplinas religiosas é o egoísmo da mente. Pois é isso o que causa a ignorância, a cólera e o descontrole, que são a origem de todos os problemas do mundo.

Palavras de sabedoria, de Dalai Lama. Rio de Janeiro: Sextante, 2012. p. 17.

Cólera: fúria, ira, raiva intensa.

Brincando de filosofar

Releia o texto *O inimigo comum* e explique se você concorda com a afirmação de Dalai Lama. Justifique sua resposta.

ATIVIDADES

Vamos refletir?

1. Pense e responda só no seu coração:

   a) Você é feliz?

   b) Para você, o que é ser feliz?

   c) Qual é a receita para ser feliz?

   d) Com quem você aprende a ser feliz?

   e) Como são as pessoas felizes?

2. Continue pensando e responda novamente apenas no seu coração.
Pessoas felizes são generosas: elas dão de si sem esperar retribuição.

   a) Você é capaz de fazer isso?

   b) Você é capaz de pensar nos outros assim como pensa em si?

   c) Você tenta se corrigir antes de corrigir os outros?

3. Assim é Dalai Lama: **feliz, generoso, sábio.**
Agora, responda consultando o texto.

   a) Quem é Dalai Lama?

   _____

   _____

   b) O que significa "Dalai Lama"?

   _____

   c) Cite um exemplo que demonstra a sabedoria dele.

   _____

   _____

   d) Dalai Lama ganhou também muitos prêmios por seus méritos. Qual foi o mais importante?

   _____

4. Conheça mais alguns ensinamentos de Dalai Lama. Para isso, reescreva as frases, tendo o cuidado de separar as palavras destacadas.

- As fontes básicas da felicidade são: **bomcoraçãocompaixãoeamor**.

_____

_____

- Palavras de Dalai Lama: "Para mim não existe diferença entre **presidentemendigoerei**".

_____

_____

- Coisas que não servem para nada: **ódioamarguraeraiva**.

_____

_____

Trocando ideias

5. Leia a história e converse sobre ela com o professor e a turma.

Um cãozinho ficou admirando o enorme cão que não parava de correr atrás do seu próprio rabo. De tanto girar, ele ficava tonto e caía.

Curioso, o cãozinho perguntou:
— Por que faz isso?

O cachorrão respondeu:
— Porque a felicidade do cachorro está na cauda, você não sabia? E eu corro atrás dela para alcançá-la.

O cãozinho, então, falou:
— Não faça mais isso! Vá seguindo a vida que a sua cauda (a felicidade) vai seguindo atrás de você!

Você concorda com o conselho do cãozinho? Comente com o professor e a turma.

6. Leia a frase a seguir e depois faça o que se pede.

Não corra atrás das borboletas. Cultive um jardim e as borboletas virão até você.

Mário Quintana

Agora, reescreva essa frase, substituindo "borboletas" e "jardim" por "felicidade" e "boas ações".

- Não corra atrás da _____.

  Cultive _____ e a

  _____ virá até você.

7. Um teólogo brasileiro conversou, certa vez, com Dalai Lama e perguntou-lhe:

— Qual é a melhor religião?
Ele respondeu:
— É aquela que mais te aproxima de Deus. Aquela que te faz melhor.
— E o que me faz melhor? — perguntou o teólogo.
— É aquilo que te faz mais compassivo, mais sensível, mais humanitário, mais responsável e mais ético.

- Para concluir, procure no texto **Ensinamentos de Dalai Lama** como ele sintetiza a sua própria religião e escreva no quadrinho:

CAPÍTULO 16

Palavras e exemplos

Há um provérbio que diz: *palavras comovem, mas exemplos arrastam*. Isso significa que as palavras faladas ou escritas podem nos impressionar e comover.

Mais forte, porém, é o exemplo, a maneira de viver de quem nos aconselha.

É preciso viver de acordo com aquilo que se ensina e recomenda aos outros. Os filhos aprendem muito mais com as ações dos pais e professores do que com o que eles ensinam ou mandam fazer.

Ensinar uma coisa e fazer outra é hipocrisia.

Hipocrisia: falsidade, fingimento.

As crianças e os jovens, em geral, também aprendem e seguem a sociedade. Às vezes, seguem mais a sociedade do que aquilo que ouvem em casa e na escola; o que pode ser um problema, porque o consumismo é muito forte na sociedade em que vivemos.

Consumismo é um impulso que leva as pessoas a comprar em excesso, a comprar mais do que precisam: roupas que as propagandas anunciam, carros do ano, tênis de marcas famosas, etc.

Quem não tem muitas condições compra a prazo. Outros trabalham mais do que deveriam para poder consumir mais.

Infelizmente, é isso que parte da sociedade ensina e exige. Quem não a segue pode acabar sentindo-se inferiorizado. Às vezes, as propagandas fazem as pessoas sentirem vergonha de não ter o que a moda impõe. Muitos alunos, por exemplo, têm vergonha do carro dos pais.

E a moda passa rapidamente. O que era moda no ano passado logo cai em desuso. Por meio da internet, da TV, uma nova moda se espalha e, assim, reinicia-se todo o processo de consumismo.

Consumidores em loja durante liquidação na cidade de São Paulo (SP).

107

Moda

*O cabelo da moda,
a roupa, a dança,
a gíria da moda.
A moda passa,
eu fico.*

Viva a poesia viva, de Ulisses Tavares. São Paulo: Saraiva, 2009. p. 40.

A sociedade atual tem valorizado mais o **ter** do que o **ser**.

Ter beleza, roupas da moda e carros novos é mais importante do que ser bom, honesto e fraterno. Essa é uma das razões de haver tanta corrupção e roubos no mundo.

Mas será que essas pessoas são felizes? Não é o ter que nos faz felizes, mas, sim, o ser: ser honesto, leal e preocupado com as necessidades dos outros e do meio ambiente.

Pagando o pato, de Ciça. Porto Alegre: L&PM, 2006. p. 67.

Ler é gostoso

O discípulo honesto

Uma vez, um rabino resolveu testar a honestidade de três discípulos. Perguntou-lhes:

— O que vocês fariam se encontrassem uma carteira cheia de dinheiro?

Um dos discípulos respondeu:

— Devolveria para o dono.

O rabino pensou: a resposta veio tão rapidamente que tenho dúvida se foi realmente sincera.

Outro falou:

— Ficaria com o dinheiro se ninguém me visse.

O rabino pensou: a língua é sincera, mas o coração é desonesto.

O terceiro disse:

— Bem, rabino, para ser honesto, ficaria tentado a guardar o dinheiro para mim. Portanto, pediria a Deus que me desse forças para resistir à tentação e agir corretamente.

E o rabino concluiu: eis a pessoa em quem eu confiaria.

Adaptado de: *O livro das virtudes*, de William J. Bennett. Rio de Janeiro: Nova Fronteira, 1995. p. 499.

Rabino: sacerdote da religião judaica.

Brincando de filosofar

Pense e responda: você concorda com a conclusão do rabino sobre a resposta do primeiro discípulo? Por quê?

ATIVIDADES

Trocando ideias

1. Às vezes, pequenas fábulas ensinam grandes lições. Leia esta e comente com o professor e os colegas.

Um pequeno caranguejo corria na praia com sua mãe. A mãe corrigiu o filho:

— Não corra de lado, filho! Andar para a frente é muito mais adequado.

O jovem caranguejo, olhando para sua mãe, respondeu:

— Claro, mamãe, quero aprender. Mostre-me como se faz e eu andarei atrás de você.

Esopo

- Assinale os ditados populares que, no seu entender, combinam com essa fábula.

  ☐ A paciência é a arte de esperar.

  ☐ Faça o que eu digo, mas não faça o que eu faço.

  ☐ As palavras convencem, mas o exemplo arrasta.

  ☐ A beleza passa, mas a bondade fica.

  ☐ O princípio da educação é pregar com o exemplo.

  ☐ O exemplo vale mais do que mil palavras.

2. Há pessoas que mandam os outros fazerem o bem, mas elas mesmas não o fazem.

a) O que você acha disso?

_____

_____

b) Além de Buda e Jesus, você conhece outras pessoas que são exemplos de vida porque praticam o que ensinam? Comente.

_____

_____

c) O ato de fazer o que se fala chama-se **coerência**, sabia? Você se considera uma pessoa coerente? Explique.

_____

_____

3. Um belo exemplo de vida. Leia:

Raí foi jogador de futebol até o ano de 2000. Acumulou títulos e tornou-se um ídolo no Brasil e no mundo. Hoje, ele é campeão na solidariedade, pelo esforço de fazer um mundo melhor.

Criou a Fundação Gol de Letra, que dá oportunidades a crianças e jovens carentes. Participa também da organização Atletas pela Cidadania.

O ex-jogador Raí na Fundação Gol de Letra, em São Paulo (SP).

Recentemente lançou um livro com o título **Turma do Infinito**, em que fala de solidariedade, respeito, aceitação e coletividade. Enfatiza que cada um é parte de um todo e que nossas ações refletem no ambiente, tornando-o melhor ou pior.

Enfim, mostra que, se cada um fizer a sua parte, é possível transformar o mundo, tornando-o um lugar melhor para todos. Assim é o Raí...

Adaptado de: Revista *Ler & Cia*. Curitiba: Livrarias Curitiba/ Livrarias Catarinense, n. 39, jul./ago. 2011. p. 21.

• Se você encontrasse o Raí, o que gostaria de dizer a ele?

_____

_____

Vamos refletir?

4. É bom, de vez em quando, fazer uma autoavaliação ou um exame de consciência, sabia? Então, vamos lá!

a) Imagine que você é o líder de um grupo. Marcou um trabalho e insistiu que todos chegassem pontualmente. Se você é coerente, qual é a sua atitude?

_____

_____

b) Seu irmãozinho costuma deixar as luzes acesas, e você chama a atenção dele. O que mais compete a você?

_____

_____

c) Você critica seu colega por ter falado um palavrão. Pouco antes você tinha feito o mesmo. Como você classifica essa atitude?

_____

_____

d) Como é mesmo aquela frase dos livros sagrados? Complete:

"Tudo aquilo que vocês querem que os outros lhes façam, _____

_____."

5. Somos, em geral, mais influenciados pela sociedade do que pela família e a escola.

a) Em sua opinião, o que a sociedade valoriza mais?

_____

_____

_____

b) De onde vem a verdadeira felicidade?

_____

_____

_____

c) Quais são as influências da TV e da internet atualmente?

_____

_____

_____

Momento de oração

Concentre-se e faça, silenciosamente, esta oração.

Oração de São Francisco (trecho)

Senhor,
Faz de mim um instrumento de tua paz!
Onde houver ódio, que eu leve o amor.
Onde houver ofensa, que eu leve o perdão.
Onde houver discórdia, que eu leve a união.
Onde houver dúvidas que eu leve a fé.
Onde houver tristeza, que eu leve a alegria.
Onde houver trevas, que eu leve a luz.

São Francisco de Assis

OLHANDO MAIS LONGE

A pessoa-luz é sincera, franca e verdadeira. A pessoa-noite, ao contrário, é fingida, pouco confiável e mentirosa. Mas ninguém é sempre luz e sempre noite.

Às vezes, somos luz, outras vezes somos noite. Podemos também ser um lusco-fusco, nem dia nem noite.

O ideal é sermos cada vez mais sinceros e confiáveis. Se não conseguirmos ser um sol, ao menos sejamos um vaga-lume.

COMEMORAR PARA CRESCER

- Dias especiais, 116
- Cantinho das canções, 145

DIAS ESPECIAIS

As pessoas gostam de comemorar, de festejar em família, com os amigos e em comunidade.

É muito bom celebrar as coisas boas da vida: os aniversários, as férias, a volta às aulas, a vitória do nosso time, a Páscoa, o Natal e tantos outros eventos.

Às vezes, mesmo sem nenhum acontecimento especial, podemos celebrar o céu azul, o sol, a vida, as amizades...

Celebrar é tornar o dia especial.

Algumas das datas sugeridas nesta seção não são propriamente comemorações, mas, sim, um convite a refletir sobre a nossa participação na busca de um mundo melhor.

- Campanha da Fraternidade — DURANTE A QUARESMA
- Páscoa judaica e Páscoa cristã — MARÇO ou ABRIL (FESTAS MÓVEIS)
- Dia do Trabalho — 1º DE MAIO
- Dia da Paz e da Não Violência — 21 DE SETEMBRO
- Dia da Consciência Negra — 20 DE NOVEMBRO
- Dia Mundial dos Direitos Humanos — 10 DE DEZEMBRO
- Natal — 25 DE DEZEMBRO

Campanha da Fraternidade

Durante a Quaresma

Todas as pessoas nascem livres e iguais em dignidade e direitos, e devem agir, em relação umas às outras, com espírito de fraternidade.

Este é o primeiro artigo da Declaração Universal dos Direitos Humanos, da Organização das Nações Unidas (ONU). Significa que, por ser humana, toda pessoa tem dignidade e direitos, independentemente do julgamento de alguém.

Dignidade é o valor que as pessoas têm, diante de Deus, pelo simples fato de ser gente. E isso vale para todos, sem exceção.

É esse valor, a dignidade, que a Campanha da Fraternidade quer garantir, construindo um mundo de justiça e partilha, onde as pessoas vivam unidas por laços de respeito e solidariedade.

Todos os seres humanos são irmãos, porque são filhos de Deus. E, como irmãos, devem ajudar uns aos outros. Isso é fraternidade.

Está em nossas mãos construir o mundo fraterno que Deus e nós queremos. Construir uma grande família na qual o amor é a lei, o perdão e a partilha são os meios, e a paz é o resultado.

Ler é gostoso

Poço da fraternidade

Havia um lugar onde as pessoas viviam de forma muito individualista. Elas procuravam a felicidade sem encontrá-la.

Um dia, uma jovem, caminhando pelas ruas do lugar, gritou:

— Gente! A felicidade esconde-se no fundo daquele poço, lá na praça!

Todos saíram correndo para o local indicado. Dezenas de mãos se uniram, puxando a corda que pendia para dentro do poço. Com ela, algo subia vindo lá do fundo... Um brilho de expectativa ardia nos olhos de todos.

De repente, a decepção: na ponta da corda havia apenas um velho balde furado, vazio e enferrujado.

As pessoas se entreolharam arrasadas. Quebrando o silêncio e de rosto iluminado, a jovem falou:

— Eu penso que deveríamos agradecer, apesar de tudo... Poucos minutos atrás, éramos desconhecidos, estranhos no mesmo lugar. Agora nos conhecemos e chegamos mais perto uns dos outros. Este balde vazio e enferrujado nos aproximou!

É verdade: na outra ponta da corda, a descoberta do encontro, da partilha, da amizade, a alegria da entreajuda... Descoberta maravilhosa com gosto de esperança e de fraternidade.

Histórias que ensinam. Equipe do jornal *Missão Jovem*. São Paulo: Mundo e Missão, 2003. p. 100.

ATIVIDADES

Pensando juntos

1. Você já participou de uma Campanha da Fraternidade? Descreva como foi.

_____

_____

_____

2. Qual é o tema da Campanha da Fraternidade deste ano? Escrevam no quadrinho.

_____

_____

_____

_____

Trocando ideias

3. Em sua opinião, quais são as consequências da falta de respeito pela dignidade das pessoas?

_____

_____

_____

4. Trabalhando em grupos, façam um cartaz que mostre gestos e atitudes de fraternidade. Coloquem um título, como **Isto é fraternidade**. Usem recortes de revistas e jornais.

Páscoa judaica e Páscoa cristã

Março ou abril (festas móveis)

A palavra "Páscoa" vem de *Pessach*, que na língua dos judeus significa "passagem".

Pessach ou Páscoa é a festa da liberdade, que os judeus comemoram intensamente, recordando sua libertação da escravidão egípcia.

A festa começa com um tradicional jantar, o *Sêder*, ou ceia pascal, durante a qual se recorda a história da saída do povo hebreu do Egito, narrada pelo pai da família.

A seguir, são servidas saladas amargas, para lembrar o sofrimento na escravidão; ovos mergulhados em água salgada, para lembrar as lágrimas derramadas; e pães sem fermento, ou pães ázimos, para lembrar que a fuga do Egito foi tão repentina que não houve tempo para deixar a massa crescer.

Para os cristãos, por sua vez, a Páscoa significa o dia em que Jesus ressuscitou, depois de ter sido crucificado.

A Páscoa cristã é preparada durante a Quaresma, período de quarenta dias de penitência e oração que precedem a festa.

Terminada a Quaresma, vem a Semana Santa, sete dias em que se recorda e revive, com muita devoção, os últimos acontecimentos da vida de Jesus: prisão, condenação, paixão e morte.

Tudo isso culmina com a alegre comemoração da ressurreição de Jesus no domingo de Páscoa, dia de muita festa nas igrejas e nos lares cristãos. As famílias compartilham a ceia pascal e presenteiam-se com ovos e coelhos de chocolate, que simbolizam vida, alegria e fertilidade.

Ler é gostoso

O missionário e o cacique

Um missionário contou aos indígenas que "um dia Deus enviara seu Filho ao mundo. Esse filho, chamado Jesus, nasceu em uma estrebaria, viveu como pobre entre os pobres e anunciou a todos a Boa-Nova, ensinando que Deus não quer condenar, mas salvar. Ensinou também que é preciso perdoar e amar a todos".

"Um dia" — continuou o missionário —, "os grandes e poderosos prenderam Jesus e o condenaram a morrer na cruz. Então, as pessoas acharam que tudo tinha acabado. No entanto, três dias depois, Jesus ergueu-se do sepulcro e voltou à vida. Isso significa que ele venceu todas as limitações humanas e iniciou um Reino eterno, Reino de Graça, Justiça e Paz. Assim, transmitiu aos seus a certeza de que o mal não triunfa".

Estrebaria: local que abriga cavalos, e onde eles dormem, são cuidados e alimentados.
Sepulcro: túmulo, sepultura.

O cacique e todos os indígenas escutaram comovidos. Ao final, o cacique quis saber: "Onde e quando aconteceu esse fato?". O missionário explicou que isso acontecera há dois mil anos. Aí, o rosto do cacique tornou-se rígido: "Por que vocês esconderam de nós esse fato? Aconteceu há dois mil anos e vocês não o anunciaram?".

Adaptado de: *Histórias de vida – Parábolas para refletir*, de Dom Itamar Vian e Frei Aldo Colombo. 2. ed. São Paulo: Paulinas, 2005. p. 144.

ATIVIDADES

Vamos refletir?

1. Pense e complete as frases abaixo.

Tanto para os judeus como para os cristãos, Páscoa significa **passagem** de uma situação ruim para outra melhor.

Passagem da escravidão para a _____,

da tristeza para a _____,

da morte para a _____,

do desespero para a _____,

da escuridão para a _____.

2. Qual é o principal acontecimento comemorado:

a) na Páscoa judaica?
_____
_____

b) na Páscoa cristã?
_____
_____

122

3. Leia o que dizem estas crianças e, depois, escreva o que podemos fazer para reverter esta situação:

> O sentido da Páscoa está esquecido.

> A Páscoa está perdendo sua essência.

> Lamento que a Páscoa tenha se transformado em uma data comercial!

_____
_____
_____

4. Velas, coelho, ovos, flores amarelas, todos são símbolos da Páscoa cristã. Desenhe, no quadro abaixo, um desses símbolos e escreva perto dele palavras que expressam alegria e vida.

Dia do Trabalho

1º de maio

Em quase todos os países do mundo, comemoram-se, em 1º de maio, o Dia do Trabalho e do Trabalhador.

Para muitas pessoas, o trabalho é gratificante, motivo de alegria e realização. Para outras, é um fardo, motivo de cansaço e frustração.

Trabalho explorador e opressivo não traz alegria. Contudo, no passado, a situação já foi pior: jornada de 12 a 16 horas; salários muito baixos; crianças obrigadas a trabalhar para ajudar os pais...

Felizmente, hoje em dia esse quadro mudou: a jornada de trabalho é de 8 horas diárias, com direito a férias; o trabalho infantil foi proibido; e o salário mínimo foi estabelecido por lei, entre outros benefícios.

Mas, embora o trabalho seja, ao mesmo tempo, um direito e um dever, há ainda muitos desempregados, e isso gera incertezas e angústias a essas pessoas.

Quando o trabalho expressa criatividade e participação nos grandes objetivos da humanidade, ele é nobre e dignifica o homem. Além disso, consolida a solidariedade e fortalece a amizade entre as pessoas. O mais importante, porém, e o que mais dignifica é o fato de participarmos da obra da Criação.

Ler é gostoso

O lavrador e seus filhos

Um rico lavrador, sabendo que sua vida chegava ao fim, chamou seus filhos e disse-lhes:

— Filhos! Esta terra que lhes deixo como herança esconde um tesouro em algum lugar. Porém, não se sabe exatamente a sua localização. Mas, com algum esforço, vocês conseguirão encontrá-lo. Depois da colheita, vocês devem revolver o campo, de cima a baixo, sem deixar um palmo que não seja revolvido pelas suas pás.

> **Revolver:** cavar para misturar a terra.
> **De cima a baixo:** totalmente, completamente.

Algum tempo depois, quando o pai já havia falecido, os filhos começaram a cavar a terra de cima a baixo e com tal empenho que, no ano seguinte, veio a surpresa: a colheita foi simplesmente surpreendente.

Não encontraram o tesouro, porque não havia. Porém seu pai fora um sábio: ensinou-lhes, antes de morrer, que **o trabalho é o tesouro**.

Educar com fábulas, de Alfonso Francia. 7. ed. São Paulo: Ave-Maria, 2004. p. 105.

ATIVIDADES

Vamos refletir?

1. Pense e complete:

   a) O trabalho é gratificante e realizador quando _____

   _____

   _____

   _____

   b) O trabalho é um fardo, motivo de frustração, quando _____

   _____

   _____

   _____

2. Em sua opinião, o que as pessoas devem fazer para tornar seu trabalho mais prazeroso?

_____

_____

3. Que tipo de trabalho você imagina realizar quando crescer?

_____

_____

Trocando ideias

4. Leia as frases abaixo, escolha uma delas e converse com o professor e os colegas sobre a importância da frase escolhida.

> Pelo trabalho, o ser humano participa da obra da Criação.
>
> O homem não vive para trabalhar, mas trabalha para viver.

Dia da Paz e da Não Violência

21 de setembro

Aconteceu há muitos e muitos anos, no século XIII: ao cair da tarde, um viajante, cansado e coberto de poeira, bateu à porta de um convento.

Olhando para o estranho peregrino, o porteiro perguntou:

— O que desejas?

— Eu procuro a paz! — foi a resposta.

Quem assim procurava a paz era Dante Alighieri, o genial poeta italiano, autor da Divina Comédia, *uma das obras mais sagradas da literatura universal.*

Livro da família, de Miron Stoffels. Porto Alegre: Padre Reus, 2010. p. 72.

A paz é uma das coisas que os seres humanos, desde sempre, desejam e procuram. E talvez seja uma das coisas mais difíceis de conseguir.

Apesar dos exemplos e ensinamentos, apesar dos esforços de lideranças, após milênios de história, as pessoas ainda vivem em conflitos, e a verdadeira paz continua sendo apenas um sonho.

Somente nós, os humanos, podemos construir a paz. E, também, somente os humanos podem impedir a paz.

O que estamos fazendo?

Não podemos ficar sentados esperando que o reino da paz venha até nós. É preciso buscá-lo. E disso todos nós devemos participar, pois a paz começa dentro da gente.

O primeiro passo é a prática da justiça, porque a paz é fruto da justiça. Os outros passos são consequências, como: respeito, amor, zelo pelo bem-estar dos outros, solidariedade...

Ler é gostoso

O cachimbo da paz

Em uma calma tarde de verão, depois de terminar as tarefas do dia, os indígenas de uma das mais pacíficas aldeias da América do Norte sentaram-se em volta do cacique.

Era costume deles juntar-se para narrar os feitos passados da aldeia ou para instruir os guerreiros. O cacique começou:

— Se alguém te fizer mal e tu quiseres vingar-te de forma cruel, senta-te primeiro, enche o cachimbo e fuma com calma. Compreenderás, então, que a vingança planejada é um castigo desproporcional ao que ele te fez e resolverás dar-lhe apenas uma surra. Porém, antes de lhe dares a surra, enche novamente o cachimbo e fuma-o até o fim. Ficarás convencido então de que, em vez da surra, bastará uma boa repreensão. Mas, se voltares a encher o cachimbo pela terceira vez e ficares refletindo até o esvaziar, ficarás convencido de que o melhor é ir ao encontro do teu inimigo, abraçá-lo e fazer as pazes com ele.

Desta sabedoria de vida nasceu o cachimbo da paz, que por muitos e muitos anos selou acordos entre colonos americanos e povos indígenas.

Adaptado de: *Vivendo e aprendendo – Histórias para o dia a dia*. Equipe do jornal *Missão Jovem*. São Paulo: Mundo e Missão, 2010. p. 115.

ATIVIDADES

Trocando ideias

1. Converse com o professor e os colegas e circule as palavras que completam a expressão.

Paz é...

| harmonia | discussão | preocupação | sossego |

| concórdia | tranquilidade | esforço | cansaço | bem-estar |

2. "A paz brota da justiça." Este foi o lema da Campanha da Fraternidade de 2009. Como se interpreta isso?

_____
_____
_____

Vamos refletir?

3. Nós humanos recebemos de Deus estas nobres tarefas:

> Fazer o mundo progredir.
>
> Renovar o mundo na justiça e na paz.

• Qual é a sua participação no desempenho dessas tarefas?

_____
_____
_____

4. Você se considera uma pessoa de paz? Explique.

_____
_____

129

Pensando juntos

5. Pesquise em grupo e responda em uma folha avulsa para ser exposta no mural da classe.

a) O que é o Prêmio Nobel da Paz?

b) Quem foram os mais recentes premiados?

c) Algum brasileiro já foi premiado?

d) Se você pudesse escolher alguém para receber o Prêmio Nobel da Paz, quem indicaria?

IDEIAS EM AÇÃO

Vamos fazer uma árvore da paz para sua sala? Converse sobre isso com o professor e os colegas e mãos à obra!

Escolham uma das formas sugeridas abaixo e peçam ajuda ao professor de Arte.

1ª sugestão: Procurem um galho seco bastante ramificado e o plantem bem firme em uma lata com areia e pedras.

2ª sugestão: Recortem, em papel pardo ou marrom, uma árvore com bastantes galhos e a colem sobre uma superfície clara.

Feito isso, preparem pequenos enfeites que lembrem a **paz**: bandeiras, lenços e balões brancos; pombos brancos; símbolos das diversas religiões; flores ou estrelas com a palavra "paz" inscrita.

Com esses enfeites, decorem a sua árvore. Ela deverá ajudá-los a resgatar pequenos gestos de gentileza, cortesia, perdão e solidariedade.

Dia da Consciência Negra

20 de novembro

A escravidão negra durou mais de trezentos anos no Brasil. Os africanos escravizados viviam em péssimas condições nas senzalas, que eram, quase sempre, grandes galpões sem janelas, sem móveis e sem nenhum conforto.

Os africanos escravos trabalhavam duramente, ganhavam uma única refeição no fim do dia e recebiam constantes maus-tratos.

José Vicente, reitor da Universidade Zumbi dos Palmares, em São Paulo (SP). Essa instituição é voltada para alunos afrodescendentes.

Por isso, milhares deles fugiam e formavam agrupamentos chamados quilombos. O maior e mais famoso foi o Quilombo de Palmares, em Alagoas, que abrigou centenas de moradores.

Quando foram declarados livres, a maioria dos escravos vivia em condições bem ruins. Não sabiam ler ou escrever; não tinham profissão; não tinham casas nem podiam voltar para seus países de origem, porque não tinham dinheiro.

Muitos continuaram trabalhando para seus antigos senhores e outros viraram mendigos, perambulando pelas ruas. Assim, foram se tornando cada vez mais marginalizados, discriminados e alvos de preconceito: não podiam ir à escola; não podiam trabalhar nas fábricas nem frequentar igrejas ou outros lugares públicos.

Surgiram, então, grupos e movimentos que tentavam melhorar as condições de vida dos ex-escravos, batalhando pela recuperação de sua autoestima e pela preservação de suas tradições e cultura.

Para dar ênfase a esse projeto e despertar na sociedade a consciência pela luta contra o preconceito e a discriminação, e também para fortalecer neles próprios a luta pela conquista de sua cidadania, foi instituída uma data. A escolha recaiu não sobre 13 de maio, dia da abolição da escravatura, mas sobre 20 de novembro, dia da morte de Zumbi, herói do Quilombo de Palmares.

Ler é gostoso

Quem era Zumbi?

Da triste história da escravidão no Brasil surgiu este notável herói e líder, que ainda hoje, mais de três séculos depois, é lembrado com respeito e admiração.

Zumbi nasceu livre no Quilombo de Palmares. Ainda criança, foi capturado e entregue a um padre católico que se encarregou de sua formação.

Mas, quando adolescente, Zumbi fugiu e voltou ao quilombo, onde, mais tarde, se tornou líder e chefe. Passou a comandar a luta pela conquista do maior sonho do seu povo: a liberdade. Mas, em 20 de novembro de 1695, foi assassinado, antes que o grande sonho se realizasse.

Ainda hoje, Zumbi continua sendo símbolo de luta e denúncia da discriminação étnica, em busca de uma sociedade mais justa, mais fraterna e sem preconceitos.

Mais do que uma figura histórica, Zumbi é o grande herói de uma etnia, que nunca deixou de sonhar e que ainda luta por sua verdadeira liberdade.

Educando para a vida – Reflexões e propostas para as datas mais importantes do ano, de Mauri Luiz Heerdt e Paulo De Coppi. 2. ed. São Paulo: Mundo e Missão, 2005. p. 180.

ATIVIDADES

Trocando ideias

1. Converse com os colegas e dê sua opinião:

a) Ainda existe racismo no Brasil?

b) Por que a discriminação étnica é um erro?

c) Qual é a responsabilidade da escola em relação ao preconceito?

d) Por que Zumbi é tão importante para a história dos afrodescendentes?

Pensando juntos

2. No Brasil, foi criada uma lei que proíbe e pune a discriminação e o preconceito étnico. Escreva a primeira letra de cada desenho e descubra o nome dessa lei.

3. Apesar das dificuldades dos afrodescendentes em conquistar seu espaço na sociedade, a História registra grandes nomes, em diversas áreas de atuação, no Brasil e no exterior. Descubra alguns.

Vamos refletir?

4. Leia, pense e descubra a palavra que está faltando em cada uma das lacunas. Observe as rimas.

Que bom, se todo mundo
pudesse entender direito:
que tudo fica mais fácil
sem o tal do _____.

Aqui vai um belo conselho
que só leva um segundo:
quem não respeita o outro
não tem lugar neste _____.

Na minha escola todo mundo é igual, de Rossana Ramos. 8. ed. São Paulo: Cortez Editora, 2010. p. 17-18.

Vamos todos dar as mãos!
É o convite que aí vai,
com certeza, somos irmãos,
sendo filhos do mesmo _____.

Zumbi de grata memória
deixou seu lema na História:
"Antes morrer em liberdade
que voltar escravo pra _____."

Amélia Schneiders.

Dia Mundial dos Direitos Humanos

10 de dezembro

Na verdade, não precisaria existir uma lei dos direitos humanos. A dignidade natural do ser humano é tão grande que por si só merece respeito e consideração.

Mas existem pessoas e grupos que colocam o poder, as riquezas e as ambições acima dos seres humanos. Isso atrapalha a convivência entre as pessoas e impede a construção de uma sociedade justa, solidária e fraterna.

Tornou-se, por isso, necessário escrever um conjunto de regras e normas, fundamentadas em valores que protegessem a integridade das pessoas e ajudassem a criar uma sociedade melhor para se conviver.

Partindo desse pensamento, foi fundada a Organização das Nações Unidas (ONU), com o claro objetivo de desenvolver um trabalho contínuo pela defesa e promoção da paz.

E, no dia 10 de dezembro de 1948, a ONU publicou, oficialmente, o documento, conhecido como Declaração Universal dos Direitos Humanos. Dentre os trinta artigos que compõem o documento, destacamos:

- o direito à vida;
- o direito à liberdade;
- o direito à igualdade.

Os direitos humanos são iguais para todos, sem depender de nacionalidade, cor, sexo, religião, partido político ou posição social das pessoas.

É claro que o dia dos direitos humanos é todos os dias. Mas foi instituída essa data especial para lembrar, de modo mais intenso, a importância do respeito a cada ser humano e avaliar a sua prática à luz desta regra de ouro:

Trate os outros do mesmo modo como você gostaria de ser tratado.

Ler é gostoso

Dando o exemplo

Conta a história que, certa vez, o grande general macedônio, Alexandre Magno, teve de atravessar uma longa região árida com seus soldados. Todos estavam sofrendo terrivelmente de calor, de fome e, mais que tudo, de sede. Muitos já estavam a ponto de se deixar cair no chão e desistir.

Encontraram, então, um grupo de viajantes gregos. Um desses viajantes, vendo o rei quase sufocar-se de sede, encheu um capacete de água e ofereceu-lhe. Alexandre Magno pegou ansiosamente a água. Mas olhou em torno de si e viu os rostos sofridos dos soldados, que ansiavam, tanto quanto ele, pela água refrescante.

— Pode levar — disse ele ao viajante —, pois, se eu beber sozinho, os meus soldados ficarão desolados, e você não tem o suficiente para todos.

E devolveu a água sem tomar um único gole. Os soldados, então, aclamando seu rei, puseram-se de pé e pediram que ele continuasse a conduzi-los adiante.

Sabedoria em parábolas, do Prof. Felipe Aquino. 4. ed. Lorena: Editora Cléofas, 2001. p. 118.

ATIVIDADES

Pensando juntos

1. Em dupla, escrevam uma declaração para que, em sua classe, todos tratem uns aos outros como gostariam de ser tratados.

Declaração de respeito do 5º ano	
Comportamentos que devem ser seguidos	Comportamentos que não devem ser tolerados
Assinaturas:	

Vamos refletir?

2. "Tirar o chapéu" é uma expressão, um gesto simbólico, que significa admiração, reverência e respeito por uma pessoa. Para quem você "tiraria o chapéu" e por quê? Complete:

Eu tiraria o chapéu para _____, porque
_____
_____
_____ .

3. Para pensar, memorizar e pôr em prática.

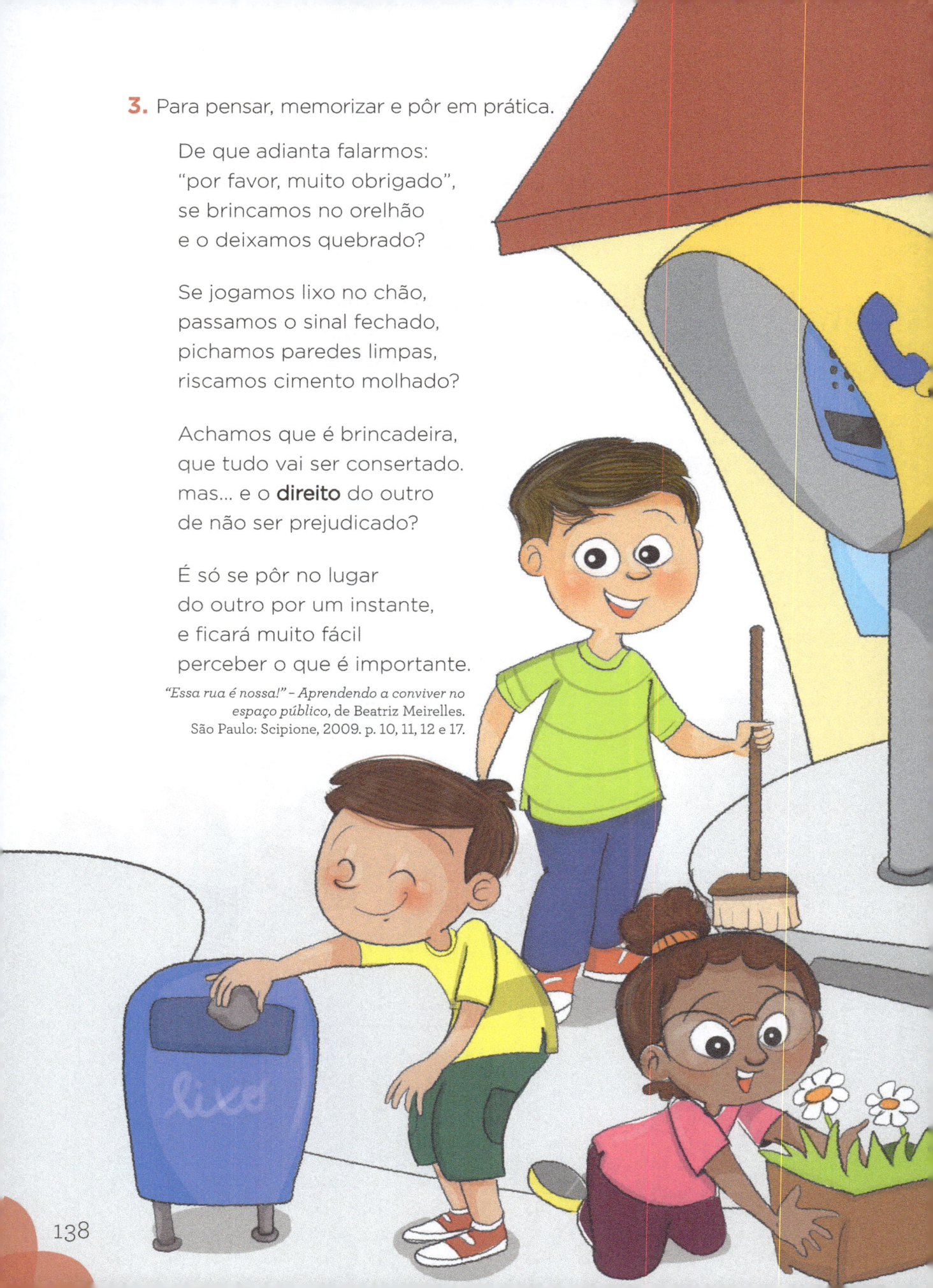

De que adianta falarmos:
"por favor, muito obrigado",
se brincamos no orelhão
e o deixamos quebrado?

Se jogamos lixo no chão,
passamos o sinal fechado,
pichamos paredes limpas,
riscamos cimento molhado?

Achamos que é brincadeira,
que tudo vai ser consertado.
mas... e o **direito** do outro
de não ser prejudicado?

É só se pôr no lugar
do outro por um instante,
e ficará muito fácil
perceber o que é importante.

"Essa rua é nossa!" – Aprendendo a conviver no espaço público, de Beatriz Meirelles. São Paulo: Scipione, 2009. p. 10, 11, 12 e 17.

Trocando ideias

4. Você sabia que há bilhões de pessoas em nosso planeta e que somos todos diferentes? Discuta o assunto com os colegas, depois faça uma lista das diferenças.

_____

_____

5. Apesar de sermos tão diferentes, há coisas em que somos todos iguais. Comente a tirinha e depois faça o que se pede.

a) O que você responderia à dúvida do pai da Mafalda, no último quadrinho?

_____

_____

b) Ajude a Mafalda a descobrir no diagrama três palavras que indicam em que somos iguais. Depois complete a frase.

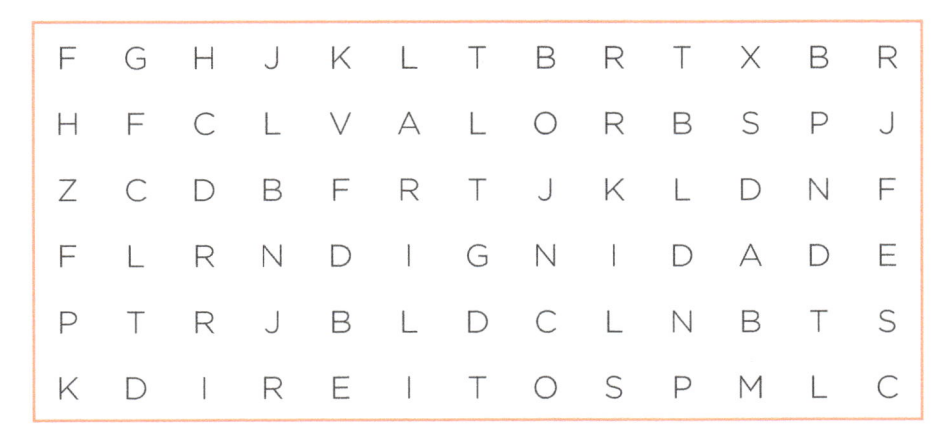

F	G	H	J	K	L	T	B	R	T	X	B	R
H	F	C	L	V	A	L	O	R	B	S	P	J
Z	C	D	B	F	R	T	J	K	L	D	N	F
F	L	R	N	D	I	G	N	I	D	A	D	E
P	T	R	J	B	L	D	C	L	N	B	T	S
K	D	I	R	E	I	T	O	S	P	M	L	C

Todas as pessoas do mundo são iguais em:

_____ , _____ e _____ .

139

6. Releia o texto "Dando o exemplo" da seção *Ler é gostoso* e, depois de debater com o professor e os colegas, responda:

a) Em sua opinião, por que o gesto de Alexandre Magno lembra os direitos humanos?

_____
_____
_____

b) Você acharia justo que o general bebesse a água sem oferecer aos soldados? Por quê?

_____
_____
_____

c) Em sua opinião, qual é o mais importante dos direitos humanos? Explique.

_____
_____
_____

d) Em quais situações, em nossa sociedade, são desrespeitados os direitos humanos?

_____
_____
_____

Natal

25 de dezembro

O Natal é a grande festa do cristianismo, em que se comemora o nascimento de Jesus. É uma festa de muita alegria. As pessoas trocam presentes, reúnem-se em refeições familiares e cumprimentam-se afetivamente.

Tudo isso em comemoração à chegada do Menino Jesus, o grande presente de Deus à humanidade.

Para os cristãos, Jesus veio ao mundo com a missão de ensinar a todos os seres humanos um novo modo de vida, com mais amor, fraternidade, justiça e paz.

A simplicidade do presépio, símbolo do Natal, impressiona diante da grandeza da missão de Jesus e, principalmente, em confronto com a sua identidade divina. Também faz questionar o consumismo natalino, quando muita gente só pensa em comprar e ganhar presentes, em viajar, exibir roupas novas e outras coisas meramente materiais.

Esse não é o verdadeiro espírito de Natal. Conforme sugere o presépio, o verdadeiro espírito de Natal é a simplicidade, a gratuidade, a alegria, a bondade, o amor e a paz.

Ler é gostoso

A grande canção de Natal

A canção "Noite feliz", com sua letra traduzida para mais de sessenta línguas, é a música mais cantada em todo o mundo. Hoje é um dos símbolos dessa bela festa cristã.

"Noite feliz" foi composta na Áustria, no ano de 1818. Conta-se que, na pequenina igreja de uma aldeia, os ratos tinham roído quase todos os foles do órgão, poucos dias antes do Natal.

Preocupado, e com medo de passar a noite de Natal sem música, o padre Joseph Mohr resolveu procurar outro órgão.

Numa noite em que fazia a sua busca, o padre ficou impressionado com o céu límpido e estrelado. Imaginou que a noite do nascimento do Menino Jesus devia ter sido parecida com aquela noite. E, inspirado, fez um poema em sua homenagem.

Dias depois, foi visitar o compositor Franz Gruber e ganhou dele a partitura de uma música para ser tocada em sua igrejinha. O padre Mohr juntou então, a essa melodia, os versos que havia feito, e estava criada a canção de Natal.

Assim, na noite de 25 de dezembro de 1818, numa pequenina igreja de uma aldeia da Áustria, foi cantada pela primeira vez esta canção, hoje tão conhecida e apreciada. E, desde então, em todas as celebrações natalinas, pelo mundo afora, canta-se: Noite feliz! Noite feliz!

Símbolos do Natal, de Natália Maccari e Suely Mendes Brazão. 6. ed. São Paulo: Paulinas, 2006. p. 30.

ATIVIDADES

Vamos refletir?

1. No Natal, muita gente só pensa em ganhar, ganhar, ganhar... Leia os quadrinhos e responda:

- Em sua opinião, ganhar presentes é o que realmente importa no Natal? Por quê?

_____
_____
_____

Trocando ideias

2. Observe os dois lados do pinheirinho e depois converse com os colegas e o professor.

a) Qual dos dois lados deve ser mais importante no Natal?

b) O que devemos fazer para que o lado esquerdo não fique esquecido?

c) Como é comemorado o Natal em sua família?

Pensando juntos

3. Para pensar e responder em dupla.

a) Onde e como nasceu o Menino Jesus?

_____
_____

b) Onde e como nasce a maioria das crianças hoje?

_____
_____

4. Para cantar e refletir.

Noite feliz

Noite feliz! Noite feliz!
Ó Senhor, Deus de amor,
Pobrezinho nasceu em Belém.
Eis, na lapa, Jesus, nosso bem.
Dorme em paz, ó Jesus!
Dorme em paz, ó Jesus!

Noite feliz! Noite feliz!
Ó Jesus, Deus da luz,
Quão afável é teu coração
Que quiseste nascer nosso irmão
E a nós todos salvar!
E a nós todos salvar!

Noite feliz! Noite feliz!
Eis que, no ar, vêm cantar
Aos pastores os anjos do céu,
Anunciando a chegada de Deus,
De Jesus Salvador!
De Jesus Salvador!

Joseph Mohr e Franz Gruber.

Garfield, de Jim Davis. v. 7. Porto Alegre: L&PM Pocket, 2010. p. 75.

CANTINHO DAS CANÇÕES

VAMOS À LUTA
Zé Martins

Tudo muda se a gente batalhar
Se a gente não lutar nada vai mudar

É preciso estar unidos
Pra acabar com a opressão
Só assim é que a gente
Viverá em mundo irmão
Mas se a gente não batalha
De que vale a união?

Neste mundo tudo passa
O sofrimento passará
É a grande esperança
Que temos que acreditar
Mas se a gente não batalha
De que vale esperar?

Neste mundo o desmando
Ocupou o seu lugar
E deixou a nossa gente
Sem ter como se virar
E se a gente não batalha
Tudo vai continuar.

Nosso Deus é nossa força
E também não gosta disto
Essa é a nossa fé
Ele acabará com isto
Mas se a gente não batalha
De que vale Jesus Cristo?

CD Geração Jovem – Paulinas/COMEP

SEJA BEM-VINDO

Verônica Firmino

Seja bem-vindo, ô, ô, ô!
Seja bem-vinda, ah, ah, ah!

Que bom que você veio, é bom nos encontrar! (2x)
A nossa amizade nós vamos festejar (2x)

O amor e a alegria nós vamos partilhar (2x)
A fé e a esperança nós vamos celebrar (2x)

CD Canções de PAZ – Paulinas/COMEP

CRIANÇA CERTEZA

Verônica Firmino

Quando toda criança, no lar e na escola,
Receber dos adultos respeito e amor
O nosso país será diferente
Será bem mais gente, será mais irmão.
Crianças de rua não existirão
Se estendermos as mãos e abrirmos o coração
Não é só um trocado ou um pedaço de pão
Todos têm o direito de ser cidadão.

Criança esperança de um país feliz
Criança é a certeza de um mundo melhor
Depende de você, abra o seu coração

Chega de promessas e de fantasias
O futuro é agora, já começou
Amanhã será tarde, faça hoje sua parte
Não depende da sorte, mas do coração.
A fraternidade, a solidariedade
Nos libertarão da opressão
Das ruas dos becos, dos vícios, das drogas
E de toda forma de escravidão.

CD Vamos animar e celebrar – Paulinas/COMEP

AS CORES DO MUNDO NOVO

Reginaldo Veloso

Eram doze meninos tão vivos
Doze folhas de papel
Eram doze lápis de cores
Tão bonitos como o céu

Cada um pegou sua folha
E um lápis de cor também
Começaram os seus desenhos
Algo viram, não lhes convém
Uma casa, um Sol, um jardim
Tudo azul, mas que graça tem?
Um coqueiro, um céu, um cãozinho
Só vermelho, não vai nem vem!

Dá-me o teu, que te passo o meu
Diz Pedrinho à Luizinha
Cor de laranja fica o teu Sol
E azul a tua casinha
Toma o meu que é amarelo
Pega o verde e me dá o rosa
Vê que as flores estão mais bonitas
Que a casinha está mais formosa

E os lápis lá vão passando
E se multiplicam as flores
Céu azul e cãozinho marrom
E um jardim de todas as cores
Olhem lá, mas que maravilha
Vejam só o que enfim se deu
Mãos e cores se entrelaçam
E o milagre aconteceu!

CD Sonho de menino – Paulinas/COMEP

FARÓIS DE ESPERANÇA

Verônica Firmino

Um novo tempo sonhamos de justiça, paz e amor
Unindo nossas mãos faremos acontecer

Ainda é tempo pra felicidade
Um cantinho de paz, esperança e amizade
Respeitar a vida, a natureza
Cuidar da beleza de todo o planeta
É a nossa missão
Vamos acender faróis de esperança
Luzes de confiança para o mundo ser melhor.

CD Canções de PAZ – Paulinas/COMEP

NOVO DIA JÁ VEM

Verônica Firmino

Vem, dá-me tua mão
Vamos juntos cantar
E plantar amor nos corações
Vem, dá-me tua mão
Vamos juntos construir
Um mundo mais feliz, irmão.

Novo dia já vem
Ano novo também
É sempre tempo de amar
Somos todos irmãos
Vamos nos dar as mãos
E abrir as portas do coração.

Vem, vamos regar
O jardim da vida
Com os sonhos da paz
Vem, vamos plantar
Canteiros de esperança
De alegria e de luz.

O que passou, passou
Vamos caminhar só fazendo o bem
Estendendo a mão, acolhendo o irmão
Num abraço de compreensão
Vamos juntos viver semeando a paz
Vida nova nascerá: a civilização do amor.

CD Vamos animar e celebrar – Paulinas/COMEP

É BONITA DEMAIS

Zé Vicente

É bonita demais, é bonita demais
A mão de quem conduz a bandeira da paz

É a paz verdadeira que vem da justiça, irmão
É a paz da esperança que nasce de dentro do coração

É a paz da verdade, da pura irmandade e do amor
Paz da comunidade que busca igualdade, ô, ô, ô

Paz que é graça e presente na vida da gente de fé
Paz do onipotente, Deus à nossa frente, Javé, (Axé).

CD Canções de PAZ – Paulinas/COMEP

VAGA-LUME

Ir. Maria do Rosário A. Siqueira

Era noite na floresta, vaga-lume apareceu,
Era tudo tão escuro, ele se entristeceu
Acendeu sua lanterninha, mas de nada adiantou
A floresta era tão grande, e nada, nada iluminou

Trá, lá, lá...

Vaga-lume, então pensou: eu já sei o que vou fazer
Se unirmos nossas forças o trabalho vai render
Vou chamar meus amiguinhos, para virem me ajudar
E com as nossas lanterninhas vamos tudo iluminar

Veio um, mais um, mais um, mais um, mais um...

É um tal de pisca, pisca, pisca, pisca sem parar
Vejam só, meus amiguinhos. Oh! Que linda a noite está
Assim, todos se ajudando, formou-se a multidão
A floresta inteirinha transformou-se num clarão!

Pisca, pisca, pisca... sem parar.

CD Sementinha 4 – Paulinas/COMEP

SÍMBOLOS DA PÁSCOA

João Collares

O Ovo de Páscoa simboliza a vida
O Coelhinho da Páscoa simboliza fertilidade

Com muita alegria nós vamos cantar
Cantar uma linda canção repleta de paz
E de amor aos irmãos
A Páscoa é Ressurreição.

Que um mundo de paz venha em nós renascer
Que a semente do amor possa reflorescer
Num abraço de paz e de fraternidade
Que a Páscoa nos traga a felicidade.

CD Calendário Escolar Musicado –
datas comemorativas vol. 1 – Paulinas/COMEP

CANÇÃO DO TRABALHO

João Collares

Trabalhar, crescer, lutar
Trá, lá, lá, lá
Progredir, vencer, subir

Trabalhar é viver, trabalhar com prazer
É fazer da ação o crescer da nação
Se paramos no tempo para trás ficaremos
Ocupando um lugar sem querer trabalhar
Por pequena que seja a sua função
É demais importante progredir com a nação

Trabalhar é viver, trabalhar com prazer
É fazer da ação o crescer da nação
No 1º de Maio vamos comemorar
O Dia do Trabalho todos vão festejar
Seja um trabalhador com amor, devoção
Todos são importantes em qualquer profissão.

CD Calendário Escolar Musicado – datas comemorativas
vol. 1 – Paulinas/COMEP

HAJA PAZ

Pe. Zezinho

Haja um grito contra a guerra e outro grito pela paz
Mais um grito pela Terra, violência nunca mais
Pouca gente muito ódio conseguiram abafar
O clamor da maioria que acredita no amanhã

Eu sou da paz, eu quero paz, eu tenho paz
Eu sonho com a paz
Sei que apesar de tanto ódio a florescer
O amor há de renascer

Haja paz entre os vizinhos, nas famílias tenha paz
Nas cidades e nos campos, nas igrejas muito mais
Haja paz na sociedade, que saibamos nos querer
Como irmãos e como amigos que conseguem conviver

Que ninguém seja oprimido, todo mundo encontre a paz
Seja o pão mais repartido e o dinheiro ainda mais
Por amor à humanidade, consigamos ser leais
E espalhar fraternidade, violência nunca mais.

CD Canções de PAZ – Paulinas/COMEP

CANTIGA DE PAZ

Zé Vicente

Vem cantar comigo esta canção do amanhã
Vamos na esquina deixá-la em cartaz
Seja bem-vinda a paz!
Vamos pela rua em passeata popular
Venham, venham todos, não vale esperar
Pra ver acontecer tem que lutar.

E todos seremos iguais
O dia é a gente que faz
Quem planta a justiça refaz
A estrada da vida e da paz

Vem, vamos interrogar ao rei computador
O que fazer pra ver reinar o amor
E como desarmar o coração e a razão
Dos homens violentos que não olham pra trás
O que a guerra fez e faz.

Venha quem chorou e machucado foi
Na praça envergonhada a violência está
E quem pisou vai ter que constatar
Que é bem melhor servir do que matar.

CD Canções de PAZ – Paulinas/COMEP

PARABÉNS!

Você chegou ao final do seu livro!

Certamente, fez um belo trabalho!

Nesta página, você vai destacar o assunto de que mais gostou.

Pode ser uma frase, um desenho ou uma colagem. Aproveite o quadro abaixo. Vamos lá!

Adesivos

adesivos para a página 3

adesivos para a página 27

adesivos para a página 67